치료적 의사소통 상담 사례

마음으로 그린 상담 이야기

안종복 · 이은혜 공저

학지사

들어가며

　대학에서 학생들을 가르치는 일을 직업으로 삼은 지 15년
이 지난 지금, 저는 현장에서 한 기관을 이끌어 가는 대표로 본
격적으로 활동하고 있습니다. 이 글을 함께 집필한 이은혜 원
장님은 이미 오래전부터 기관을 운영해 왔기에 저보다 임상에
관한 깊이나 노하우가 월등한 분입니다. 이 책은 저와 이은혜
원장님이 전반적인 재활치료에 대해 다양하게 이야기를 나누
던 중 기획되었습니다. 현장에서 이루어지고 있는 실제 상담
에 관해 언어재활사*들이 읽어 볼 책이 거의 없다는 사실과 보
호자들이 자녀가 겪고 있는 언어 결함을 포함하여 다양한 문제

＊ 언어재활사는 「장애인복지법」에 근거한 장애인 복지 전문인력으로, 일정 자
　격을 갖추고 국가시험에 합격한 사람이다. 현장에서 '언어치료사'라고도 알
　려져 있다.

와 관련해 읽어 볼 수 있는, 가벼우면서도 전문적인 책이 없다는 아쉬움이 이 책을 쓰게 된 계기가 되었습니다.

이 책에서 다루고 있는 상담 주제와 내용은 재활치료를 하고 있는 분이라면 누구라도 알고 있는 것일 겁니다. 모두가 머릿속에서 알고 있는 것을 저희가 가진 재주라고 생각하는 글쓰기로 하나씩 정리하고 편집했습니다. 보호자들과의 상담 내용이 이 책의 원재료입니다. 실제 상담에서, 그리고 유선상으로 상담을 했던 모든 보호자께 감사드립니다. 물론 이 책에 모든 상담 내용을 소개하지는 못하였습니다. 때로는 소재로 삼기 어려운 사례도 있었습니다. 그러나 빈번하게, 공통적으로 언급되는 상담 내용은 최대한 담으려고 노력하였습니다.

현장에서 상담을 하면서 안타까울 때도 있고 답답할 때도 있습니다. 현실적으로 부딪히는 한계도 느낍니다. 그렇지만 가급적 허심탄회하고 솔직하게 상담을 하려고 노력합니다. 솔직한 표현이 때로는 오해를 불러일으킬 때도 있기에 오해의 소지가 있는 직설적인 표현을 가급적 하지 않으려고 합니다. 상담에 관한 책을 쓰면서 상담을 받는 분에게 상처를 드려서는 안 되겠지요.

저희는 연구소를 운영하면서 기본적으로 언어재활뿐만 아니라 다른 재활영역에 관해서도 체계적인 공부를 해야 했습니다. 사회의 모든 분야가 그렇듯 상황에 따라 개별 영역의 발달, 전반적 발달 개념으로 접근할 필요가 있습니다. 이는 대상자의 특정 영역(예: 언어)의 어려움을 개선하고 이를 바탕으로 사회성 향상이라는 재활치료의 최종 목표에 이르기 위함입니다.

이 책은 언어, 감통, 운동, 심리(정서), 인지 등 재활치료의 방대한 정보를 모두 다루기에는 지면상의 제한과 저희 지식의 얕음으로 인해 현장에서 이루어지는 언어재활과 재활치료에 대한 궁금증을 중심으로 보호자 상담 혹은 교육을 다루어 보고자 했습니다. 물론 필요한 경우 감통, 심리 등의 영역에 관련된 내용도 간략하게 언급하였습니다.

저희는 이 책을 크게 세 부분으로 나누어 구성하였습니다. 먼저, 독자들이 이 책의 내용을 더욱 잘 이해할 수 있도록 언어재활 영역에서 사용되고 있는 용어들의 기본 개념을 설명하였습니다(물론 일부 용어는 언어재활 영역뿐만 아니라 다른 영역에서 사용되기도 합니다). 이런 용어들은 현장에서 보호자 혹은 대상자와 상담을 할 때 빈번하게 언급되기 때문이고, 모른 채 사용하면 결함의 본질을 이해하는 데 방해할 수 있기 때문입니다. 다음으로, 언어재활 상담에서 공통적으로 언급되는 주제를 선정하여 내용을 설명하였습니다. 이 주제들은 앞으로 상담을 받으러 오는 사례에서도 분명 다뤄질 것입니다. 마지막으로, 현장에서 이루어지고 있는 재활치료의 다양한 실제 사례를 제시하는 것으로 마무리 해 놓았습니다. 독자들의 이해를 돕기 위해 실제 사례를 두 영역, 즉 언어재활(언어치료)과 직접 관련된 이슈, 재활치료의 기본적 이슈로 나누었습니다.

이 책을 쓰는 동안 저에게 좋은 일들이 있었습니다. 세상에서 가장 사랑스러운 딸 소윤이와 아들 여준이를 얻었습니다. 아이들 덕분에 상담을 하면서 "저도 부모이지만……"이라는 표현을 마음껏 할 수 있었습니다. 지면을 빌려 소윤이와 여준이에게 고맙다는 말을 한 번 더 전하고 싶습니다. 그리고 이 책을 출판하기까지 물심양면으로 도움을 주신 학지사 김진환 사장님과 편집을 맡아 저희의 요구를 하나하나 해결해 주신 박선규 편집자님께 감사의 말씀 드립니다.

2021년
안종복 · 이은혜

차례

Part 3 • 상담 이야기 셋
효과적 재활치료를 위해ㅤㅤㅤㅤㅤㅤㅤ71

Part 1

상담 이야기 하나,

기본 용어에 관하여

1. 언어재활 상담에서 사용되는 용어

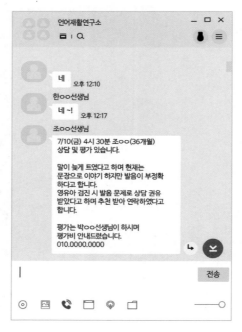

언어재활연구소

네 　오후 12:10
한○○선생님
네 ~! 　오후 12:17
조○○선생님

7/10(금) 4시 30분 조○○(36개월)
상담 및 평가 있습니다.

말이 늦게 트였다고 하며 현재는
문장으로 이야기 하지만 발음이 부정확
하다고 합니다.
영유아 검진 시 발음 문제로 상담 권유
받았다고 하며 추천 받아 연락하였다고
합니다.

평가는 박○○선생님이 하시며
평가비 안내드렸습니다.
010.0000.0000

전송

[그림 1] 단체 채팅방 실제 사례 1

[그림 1]은 우리 연구소에서 상담 신청 전화를 받은 후 원장, 부원장 및 팀장들의 단체 채팅방 속 실제 사례를 제시한 것이다. 언어발달과 관련된 상담 사례에서 "말이 늦어……."라는 표현이 자주 등장한다. 틀린 표현은 아니지만(원칙적으로 정확

하지 않은 표현일 수 있다) 다음의 언어재활 분야에서 사용되는 용어들의 의미를 정확하게 이해한다면 이 책을 한층 더 쉽게 읽을 수 있을 것이다.

1) 의사소통

의사소통(communication)이란 사람 사이에 감정, 생각, 정보 등의 의도(message)를 주고받는 것이다. 이때 의도는 언어적 부호화(linguistic symbolization) 과정을 거치며 소리(sound) 형태로 구현되는 것이 일반적이다. 또한 제스처, 얼굴 표정, (사람 사이의) 거리 등과 같은 비언어적(nonlinguistic) 방법과 억양(intonation), 목소리 크기 등과 같은 부가언어적(paralinguistic) 방법을 통해서 구현될 수도 있다.

2) 언어

언어(language)는 사람과 사람이 의사소통을 할 때 사용하는 일차적인 수단으로 사람, 사물, 사건, 상황, 감정 등을 부호(symbol, 기호)로 나타낸 것이다. 단, 이 부호는 사람들 사이에 공유된(shared) 것이어야 한다. 예를 들어, 한국인은 흙·돌 등이 높게 쌓여 있고 나무들도 많고 다양한 동물과 곤충을 볼 수 있는 곳을 개별 부호 /ㅅ/, /ㅏ/, /ㄴ/을 묶은 단음절 부호 '산'으로 나타낸다.

이런 부호들이 언어가 되기 위해서는 다섯 가지 구성 요소를 갖추어야 한다. 첫째는 음운(phonology)으로, 음소(phoneme, 자음과 모음) 자체 그리고 음소들이 결합되는 규칙 혹은 패턴을 갖추어야 한다. 둘째는 형태(morphology)로, 형태소(morpheme, 의미를 가지고 있는 최소의 단위) 자체, 그리고 형태소들이 결합되는 규칙 혹은 패턴이 있어야 한다. 셋째는 구문(syntax)으로, 낱말(혹은 단어)들이 결합되는 규칙 혹은 패턴이 있어야 한다. 구문에서 사용되는 주요 용어로는 주어, 목적어, 부사어, 서술어, 단문, 복문 등이 있다. 넷째는 의미(semantics)로, 사용되는 부호의 내용 혹은 의미가 있어야 한다. 마지막 다섯째는 화용(pragmatics)으로, 사용되는 부호가 상황(혹은 문맥)에 적절함을 갖추고 있어야 한다. 예를 들어, 어떤 정보를 질문할 때 의문형 종결어미 '-(ㄴ/는)가', '-(느)냐' 등을 사용하는가와 관련된 것이다.

일상 대화에서 자신의 의도를 '단어'로만 표현하는 4세 아이가 있다고 가정해 보자. 방금 설명한 언어의 정의적 요소를 고려한다면, 이 아이는 '말이 느리다.'라는 표현보다 '언어발달이 느리다.'는 표현이 더 정확할 것이다.

3) 말

말(speech)은 언어와 가장 혼용하여 사용되는 용어로, 언어를 소리로 바꾼 것이 말이다. 언어를 소리로 바꾸기 위해서 사람은 여러 신체기관을 사용한다. 다시 말해 호흡, 발성, 발음 관련 근육과 기관의 연속적 작용을 통해 (말)소리를 산출하게 된다. 그렇기 때문에, 발음이 정확하지 않다면 언어발달에 문제가 있는 것이 아니라 말에 문제가 있는 것이다.

참고로 내용을 덧붙이면 언어는 '/ /'에 넣고, 말은 '[ ]'에 넣는다. 예를 들어, /ㅅ ㅏ ㄴ/으로 나타내면 언어(음소에 해당), [ㅅ ㅏ ㄴ]으로 나타내면 말(소리에 해당)이란 의미이다.

4) 사회성

사회성(sociality, 혹은 사회적 관계 형성)은 사전적 의미로 사회에 적응하는 개인의 능력, 소질을 말한다. 사회성을 갖추기 위해서는 개인의 성격, 기질과 같이 선천적으로 타고난 부분도 필요하고 생활방식, 사회규범, 언어 등과 같이 후천적으로 학습을 해야 하는 부분도 필요하다. 사회적 관계 형성은 전 생애에 걸쳐 이루어지는데, 나이가 들수록 관계 형성의 대상이 다양해지고 범위가 커지게 된다.

유아기부터 아동기까지의 사회성은 '또래관계'라는 용어로도 사용된다. 실제 상담에서 어린이집, 유치원 그리고 초등학교에 다니고 있는 아이들 중 또래와 어울리지 못하고 혼자 놀거나 활동 시 순서, 규칙을 지키지 못한다고 호소하는 사례가 많다([그림 2] 참조).

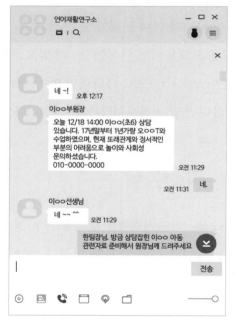

[그림 2] 단체 채팅방 실제 사례 2

5) 화용

화용(pragmatics)은 언어 구성의 한 요소로, 언어를 상황에 따라 어떻게 사용하느냐와 관련된 것이다. 보통 갓난아이를 제외한 대부분의 사람은 언어와 말을 통해 다른 사람과 상호 작용을 한다. 화용의 개념을 쉽게 이해할 수 있는 예는 다음과 같다.

[예 1]

> **엄마**: 오늘 유치원에서 점심 먹었어?
> **아이**: 오늘 유치원에서 점심 먹었어?
> **엄마**: 아니, 엄마 말 따라 하지 말고. 엄마가 질문 한 거야. 뭐 먹었어?
> **아이**: …… 뭐 먹었어?

[예 2]

> **선생님**: 옆에 있는 민수한테 ○○가 그린 그림이 어떤지 물어볼까요?
> **아 이**: 잘 그렸어.
> **선생님**: 아니, ○○에게 질문한 것이 아니라 민수한테 물어보라는 말이 에요.
> **아 이**: 잘 그렸어.

아이의 대화를 보면 다른 사람과의 상호작용에 어려움이 있다는 것을 알 수 있다. 즉, 화용 능력에 결함이 있으면 다른 사람과 상호작용을 하는 것이 어렵거나 제한적으로 될 수밖에 없다. 그런데 예에서처럼 아이가 상호작용을 하는 대상이 엄마, 언어재활사와 같은 성인인 경우 아이의 반응에 맞춰 자극을 다시 주지만 대상이 또래 아이들이라면 이 아이를 외면하거나 추후 상호작용 자체를 하지 않을 가능성이 크다.

2. 언어재활(혹은 재활치료) 상담에서 알아 두면 쓸 데 있는 지식

1) 아이의 장애에 관한 인정

아이의 발달에 어떤 장애가 있다는 점을 쉽게 받아들일 수 있는 부모는 거의 없을 것이다. 필자가 연구소를 운영해 오면서 경험한 사례들 역시 마찬가지였다. 특히 아이의 발달에 장애가 있다는 것 자체를 인식하고 인정해야 하는 초기 단계에 있는 대부분의 부모는 현실을 인정하기 싫고 부정하고 싶은 마음일 것이다.

이 단계에 있는 부모와 상담을 해 보면 그러한 마음이 쉽게 드러난다. 필자가 상담을 했던 사례 중에는 아이의 언어 수준을 평가하기 위해 사용하는 공식적으로 표준화된 검사도구의 결과조차 인정하지 않으려는 분도 있었다. 이는 전형적으로 자신의 아이에게 발달 영역에 문제가 있을 수 있다는 점을 부정하고 싶은 반증의 한 형태이다. 검사 결과 자체의 신뢰성에 의문을 갖거나 객관적 검사 결과를 바탕으로 한 전문가의 견해를 반박하는 듯한 태도를 취하는 것도 또 다른 반증의 형태이다.

또 이 단계의 부모는 방어를 하는 경향이 있다(물론 앞서 설명한 '부정'도 일종의 방어로 볼 수도 있다). 빈번한 방어의 예로 "집에서는 하는데" "낯선 선생님이 질문을 하셔서" "오늘 아침부터 컨디션이 안 좋아요." "자다 방금 깨서" 등이 있다. 물론 부모 입장에서는 사실 그대로를 말한다고 생각할 수도 있다. 그만큼 부모는 아이가 나타내는 문제를 인정하기가 쉽지 않다는 의미이다.

그런데 부모가 아이의 문제를 인정하는 시점이 늦어질수록 아이는 문제가 나타나는 영역의 발달이 지연될 것이다. 더불어 그 상태가 지속된다면 또래 아이들의 발달 속도를 감안할 때 상대적으로 더욱 지연된 것처럼 보일 것이고 당연히 또래관계에서도 어려움을 겪게 될 것이다. 따라서 부모는 평소 아이를 객관적으로 바라보려는 노력을 할 필요가 있다. 그리고 아이에게서 어떤 문제가 나타나면 적극적으로 대처해서 문제를 신속하게 해결하려는 태도를 가지는 것이 중요하다.

2) 영어 유치원(혹은 영어 놀이학교)

자녀의 조기 교육에 관한 트렌드(trend)가 빠르게 변화하고 있다. 예전에는 5세 이전의 아이들은 어린이집, 이후의 아이들은 유치원에 가는 것이 일반적이었다면, 최근에는 연령이라는 요인은 의미가 없는 것 같다. 특히 외국어 중심의 놀이학교 형태가 일반화되면서 초등학교에 진학하기 전 주요 과정으로 자리 잡은 것처럼 보인다.

우리 연구소에 조음 문제로 상담을 하는 사례 중 30% 정도는 영어 유치원 혹은 영어 놀이학교에 다니고 있는 것으로 보인다. 사례 중에는 3~4세 아이들도 영어 놀이학교에 다니는 경우가 꽤 있다. 필자는 아이들이 영어 놀이학교에 다니는 것에 관한 개인적 의견을 피력하고 싶은 것은 아니다. 다만 자녀에게 특정 학습 환경을 만들어 줄 때, 보호자는 그 환경이 아이의 발달에 미치는 영향을 고려해야 한다는 점을 언급하고 싶다.

요약하면 아이가 모국어인 한국어를 배우는 시기에 다른 언어도 배워야 하는, 소위 이중 언어(bilingual) 환경에 놓이게 되는 것이다. 아무래도 두 가지 언어를 습득해야 하기 때문에 하나의 언어에서 습득이 지연(delay)되거나 발음에 있어 혼동이 될 가능성이 높다. 그런데 대부분의 사람은 말 그대로 두 가지 언어를 배우기 때문에 시간은 좀 더 필요하겠지만 자연스럽게 이런 문제들이 해결될 수 있을 것으로 생각한다. 물론 필자도 그렇게 되었으면 한다.

핵심은 아이가 성장하면서 지연된 언어 혹은 혼동된 발음이 자연스럽게 개선될 수 있는지 아니면 언어재활과 같은 전문적 치료서비스가 필요한지를 선별해야 하는 점이다. 앞서 말한 것처럼, 우리 연구소에 이런 이유로 상담하는 사례가 꽤 많다. 상담을 받는 대상자가 어느 쪽에 해당되는지를 필자를 비롯한 전문가들은 선별할 수 있어야 한다. 당연히 선별할 때 고려해야 하는 것들이 있다. 예를 들어, 대상 아이의 연령 대비 언어 수준, 조음 오류 음소 수 및 오류 형태, 가정에서의 인식, 보호자와의 상호작용 등 많은 요인이 있다.

부모가 아이에게 좋은 교육 환경을 만들어 주고 싶어 하는 것은 당연할 것이다. 다만 그런 환경이 아이에게 무조건적으로 긍정적인 영향을 미치는 것은 아니다. 오히려 생각하지 못한 문제를 발생시킬 수 있다는 점을 부모는 알아야 한다. 부모는 아이에게 문제가 발생하면 부정하거나 무시하지 말고 관련 전문가 혹은 전문 기관의 도움을 받을 필요가 있다.

3) 전문 기관의 정의

최근 우리 주변에서 재활치료와 관련하여 기존의 병원뿐만 아니라 아동발달센터, 언어재활센터, 심리상담센터 등 다양한 기관을 비교적 쉽게 볼 수 있다. 기관마다 재활치료 영역에 따라 면허증, 국가자격증, 국가공인자격증, 민간자격증 등을 취득한 전문 인력이 해당 서비스를 제공하는 것이 일반적이다.

그런데 우리 연구소 홈페이지 상담 게시판이나 대면 상담에서 가끔 받는 질문이 하나 있다. "이곳은 전문 기관인가요?"라는 것이다. 말 그대로 관련 자격증을 취득한 전문인력(들)이 있는 기관인지를 확인하는 것일 수도 있고, 소위 재활치료를 잘하는 곳인지를 확인하는 것일 수 있다. 필자가 있는 연구소는 당연히 관련 자격증을 소지한 전문 인력이 있는 기관은 맞지만 차마 내 입으로 잘하는 곳인지 말하지는 못하겠다.

이 질문에 관해 필자 스스로 곰곰이 생각해 본 적이 있다. 앞서 말한 바와 같이, 재활치료 전문 기관이란 해당 면허(자격)

증을 소지하고 있는 전문가가 재활치료 서비스를 제공하는 기관이다. 재활치료 관련 일을 하는 분들은 대부분 이러한 정의에 동의할 것으로 생각한다. 그런데 필자는 여기에 조금 더 첨가하고 싶은 것이 있다. 첫째, 다른 무엇보다 대상자의 문제를 신속하게 개선시킬 수 있는가? 둘째, 보호자가 요구하는 다양한 요구(needs)도 충족시킬 수 있는가? 셋째, 우리 스스로 오늘도 최선의 전문적인 서비스를 제공하고 있다고 생각하는가?

보호자뿐만 아니라 대상자를 담당하는 전문가도 문제가 빨리 해결되기를 기대할 것이다. 필자가 치료의 효과를 논한 부분에서 언급했듯이 진전과 관련하여 많은 변수(예: 문제의 심한 정도, 주별 치료 회기 수, 가족의 협조 등)가 있다. 이러한 변수들이 있더라도 전문가라면 최대한 빠르게 문제를 해결할 수 있어야 할 것이다.

다음으로, 보호자의 요구 중 아이의 문제 해결이 가장 우선적일 것이다. 아이의 문제 해결을 위해 전문가의 노력도 중요하지만 가정에서 보호자의 노력도 필수적인 경우가 대부분이다. 그런데 엄마와 아빠의 불화로 인해 두 사람 간에 소통 자체가 어려운 사례가 종종 있다. 이런 사례에서는 엄마가 아빠에게 아이의 재활치료와 관련하여 협조를 요청해도 잘 이루어지지 않는 경향이 있다. 이런 경우 엄마는 우리 전문가에게 아빠가 가정에서 적절한 역할 수행을 하도록 대신 요청해 달라고 한다. 필자를 비롯한 전문가가 부부간의 불화를 해결하지는 못하지만, 이런 요구 정도는 해결할 수 있어야 한다. 한 가지 더 바람이 있다면 아이의 재활치료를 계기로 부부간의 갈등도 완화되거나 해결되는 것이다.

사실 마지막 내용이 전문 기관을 정의하는 데 가장 모호하고 어려운 내용인 것 같다. 스스로 최선의 전문적인 서비스를 제공하고 있다고 생각하는 재활치료 전문가가 얼마나 될까? 어떻게 치료하는 것이 최선을 다하는 것일까? 담당하고 있는 아이의 문제가 해결되지 않은 이유가 내가 전문적인 서비스를 제공하지 않아서일까? 종종 아이의 재활치료 기관을 변경하고자 하는 분들과 상담을 하다 보면 기존의 기관에서 아이의 재활치료와 관련된 평가보고서, 장(단)기 치료계획서 등의 보고서를 받아본 적이 없다는 사례가 꽤 있다. 또한 기관에 따라 아이의 재활치료와 관련하여 담당자와 직접 상담을 하지 않는 사례도 많았다. 물론 그 기관만의 특징 혹은 시스템일 수 있으니 필자가 왈가왈부할 수는 없다. 다만 필자는 우리 스스로가 전문적인 서비스를 제공하기 위해 어떤 노력들을 해야 하는지 생각해 볼 필요가 있다는 입장이다.

4) 자폐 스펙트럼과 감각통합치료

불과 2~3년 전만 해도 아동에게 자폐 성향이 있는 것으로 추정되거나 관련 증상이 나타나면 주로 병원, 발달센터 등에서 언어재활과 놀이치료를 받는 경향이 있었다. 실제로 재활치료 전문가들도 자폐 성향이 있는 아이들에게 여러 영역에 걸친 재활치료가 필요하다는 점에 공감하면서도 우선적으로 필요한 영역으로 언어와 놀이를 권고하였다. 특히 이들이 타인과 상호작용에 어려움을 나타내기 때문에 놀이를 통한 상호작용 개선에 목표를 둔 놀이치료를 주목하였다.

그런데 이러한 경향성이 최근 바뀌고 있는 것 같다. 특히 병원에서 초기 검사(혹은 상담)를 받은 후 언어재활과 감각통합치료를 받도록 권고하는 빈도가 높은 것 같다. 병원에서 검사를 받지 않은 사례도 마찬가지이다. 이는 보호자들이 아이의 재활치료와 관련하여 인터넷과 온라인 커뮤니티 등을 통해 정보를 얻기 때문인 것 같다. 물론 예전에도 자폐 스펙트럼 아이들에게 감각통합치료를 권고하지 않았던 것은 아닐 것이다.

많은 연구와 실제 사례들을 통해 축적된 데이터를 고려해 볼 때 감각통합치료가 특히 자폐 스펙트럼 아이들이 나타내고 있는 특정 문제(들)에 효과적이라는 점이 증명된 것으로 볼 수 있다. 아이의 발달 과정에서 환경 자극은 매우 중요한데, 이런 자극을 적절하게 처리하기 위해 감각처리 및 감각통합이 필수적이다. 따라서 이런 측면에 어려움을 겪고 있는 자폐 스펙트럼 아이들에게는 감각통합치료는 더욱 중요할 수밖에 없다. 당연히 감각통합치료든 언어재활이든 대상자가 어린 아이라면 기본적으로 놀이를 토대로 한 프로그램을 구안하는 것이 효과적이다. 이런 부분도 최근의 경향성에 영향을 미친 것으로 볼 수 있다.

Part 2

상담 이야기 둘,

언어재활

그룹 수업에서 우리 아이보다
문제가 더 심한 아이와 함께해도 좋을까요?

우리 연구소는 아이들의 또래관계, 사회성 향상을 위해 다양한 그룹 수업을 운영해 오고 있어요. 그룹 수업은 아이의 자기중심적 사고와 행동을 변화시켜 다른 사람(주로 또래 아이)을 고려하는 사고와 행동을 하도록 하는 것이 기본 목표예요. 변화된 사고와 행동은 타인과 원활하게 상호작용 하는 데 반드시 필요해요. 이러한 필요성은 부모님들도 공감하고 있는 부분이에요.

그룹 활동이 수업에 참여하는 아이들 모두에게 도움이 되기 위해서는 선생님의 역할이 중요할 수밖에 없어요. 그렇기 때문에 그룹 수업 활동을 담당하는 선생님은 개별 수업보다 당연히 더 많은 준비를 하죠. 먼저 그룹을 결성하는 것 자체부터 도전입니다. 예를 들어, 아이들이 겪고 있는 특정 장애군으로 그룹을 구성할 것인지, 여러 장애군으로 그룹을 구성할 것인지, 생활 연령대를 맞출 것인지, 언어 연령대를 맞출 것인지, 최소 인원에서부터 최대 인원을 몇 명으로 할 것인지 등 생각보다 고려할 점이 많아요. 또한 아이들이 여러 명이면 당연히 상담해야 하는 부모도 여러 분이고요. 그분들의 요구도 고려해야 돼요.

그런데 부모님들 중에 "우리 아이와 수업하는 아이들은 상대적으로 문제가 심한 친구는 아니었으면 합니다." 혹은 "선생님. 저 친구는 우리 아이와는 좀 맞지 않는 것 같은데요."라고 말하시는 분들이 가끔 있어요. 물론 상대적으로 (우리 아이에 비해) 문제가 경미한 아이가 도움이 되는 것도 사실이에요. 그러나 우리 함께 한 번 더 생각해 보면 좋겠어요.

연구소에 와서 그룹 수업을 하는 아이들은 대부분 일상생활의 또래관계에서 어려움과 실패를 경험하면서 타인과 자신을 부정적으로 생각하고, 그로 인해 자신감, 자존감이 많이 낮아진 상태일 거예요. 그룹 수업을 통해 아이들이 자신보다 더 어려움을 겪는 또래에게 도움을 줄 수 있고 자신도 누군가에 비해 잘하는 부분이 있다는 생각을 가지게 되면, 긍정적으로 자신을 볼 수 있게 돼요. 공부 잘하고 말 잘 듣는 형, 누나와 이웃집 아이에게 항상 비교되는 아이는 부모가 바라는 것처럼 그들을 따라 발전하기보다 오히려 열등감 그리고 패배감에 사로잡혀 있는 경우가 많아요. "엄마, 아빠는 항상 누나, 형과 비교하면서 나한테는 뭐라고 했어?" 이 말 어디서 많이 들어본 말 아닌가요?

그룹에는 우리 아이보다 문제가 경미한 아이도 있어야 하고, 심한 어려움을 겪는 아이도 있어야 해요. 그래야 아이가 실제 생활에서 더욱 잘 적응할 수 있는 힘을 기를 수 있어요. 학교라는 공간에 가면 우리 아이를 무작정 괴롭히는 아이, 아무 관심 없는 아이, 친절하게 대해 주는 아이 등 다양한 아이들이 있을 거예요. 그런 아이들에게 적응하려면 수많은 연습과 경험이 필요하답니다.

책을 읽어 주는 것이 우리 아이의
언어발달에 도움이 되나요?

아이의 언어발달이 느려 우리 연구소를 방문하는 사례 중 상당수는 병원, 아동 발달 센터 등 다른 기관에서도 상담을 받고 오는 경우가 많아요. 그분들은 가정에서 아이의 언어발달을 촉진시켜 주기 위해 책을 읽어 주는 것이 효과적인지에 관해 많이 물어보세요. 아마도 상담을 받은 다른 곳에서 책을 읽어 주는 것이 효과적이라고 했다고 하면서 다시 확인하는 차원에서 질문을 하는 것 같아요.

대답은 예상하는 것처럼 'yes'입니다. 다만 조건이 하나 붙어요. 글자 그대로 아이에게 책을 읽어 주는 것이 아니라 책이라는 매개체를 통해 아이와 상호작용을 해야 해요. 예를 들어, "옛날 옛적 토끼와 거북이가 살고 있었어요."라고 읽어 주고 다음 페이지로 넘어가는 것이 아니라 "옛날 옛적 토끼와 거북이가 살고 있었어요. 어! ○○야! 토끼다. ○○이 토끼 봤지? 동물원에서 토끼 봤지요! 아기 토끼도 있었잖아. 기억나지? 깡충깡충. (거북이 그림을 가리키며) 또 거북이도 있네. 거북이도 함께 봤잖아. 코 잠자고 가만히 있는 거북이!" 이런 식으로 자극을 주면서 아이의 반응을 유도하고 상호작용을 해 주는 것이 언어발달에 많은 도움을 줄 수 있어요. 그냥 앵무새처럼 읽어 주기만 하는 것은 효과가 제한적이에요. 물론, 읽어 주지 않는 것보다는 낫겠지만요.

책 읽기 활동을 이런 형태로 하게 되면 짧은 이야기책이라도 많은 시간이 소요될 수 있어요. 비록 많은 시간이 소요되더라도 아이의 언어가 개선될 수 있다면 투자해야겠지요. 이런 경험이 쌓이면서 언어능력이 발달하고, 더불어 아이와 부모 간에 애착관계도 더욱 좋아질 거예요. 무엇보다 이를 통해 책에 관한 아이의 관심이 자연스럽게 늘면서 책을 보는 습관이 형성돼요. 그리고 아빠, 엄마는 휴대폰을 하면서 아이에게는 책을 읽으라고 하는 건 당연히 좋지 않겠지요!

언어치료와 놀이치료가
다른가요?

"다른 기관에서 상담을 받았는데, 놀이치료를 받으면 언어치료
를 따로 받지 않아도 된다고 하던데요."

최근 연구소의 한 선생님이 실제 상담에서 아이의 부모로
부터 받은 질문이에요. 혹시 잘못 들은 것은 아닌지 확인하였
지만 분명히 그렇게 말했다고 합니다. 간혹 우리 연구소에서
수업을 받고 있는 몇몇 아이의 부모들도 언어치료 수업시간에
장난감을 가지고 활동하고, 놀이치료 수업시간에도 장난감을
가지고 활동하는 것을 보고 비슷한 질문을 하기도 해요. 그런
데 부모가 아닌 전문가가 그런 말을 했다는 것이 필자 입장에

서는 다소 당황스러웠어요.

필자는 평소 우리 연구소에 근무하는 전문가들과의 콘퍼런스에서 부모 입장에서는 이런 부분이 충분히 궁금할 수 있다고 말해 왔어요. 그리고 전문가라면 두 영역의 차이가 무엇인가를 명확하게 알고 있어야 하며 이를 보호자가 쉽게 이해할 수 있도록 설명할 수 있어야 한다고 강조해 왔어요. 그래야 우리를 신뢰하고 아이를 맡길 테니까요.

아이를 대상으로 하는 경우, 특히 어리면 어릴수록 수업 활동 매체는 '놀이'가 중심이에요. 놀이만큼 자연스럽게 아이의 관심, 흥미, 주의를 유도하는 것은 없어요. 어떤 학자는 "놀이는 아이의 삶 그 자체."라고도 했어요. 아이는 아침에 눈을 떠서 저녁에 잠들기까지 하루 종일 놀이로 시작해서 놀이로 끝나는 생활 패턴을 반복해요. 그런 만큼 아이를 대상으로 하는 언어치료, 놀이치료, 감각치료 등 재활치료 역시 놀이 활동으로 할 수밖에 없는 거죠.

그럼 다른 점이 무엇일까요? 바로 놀이의 목표, 즉 놀이를 하는 목표가 다르다는 거죠. 예를 들어, 언어치료 시간에도 블록 활동을 하고, 그 다음 놀이치료 시간에 또 동일하게 블록 활동을 할 수 있어요. 그럼 언어치료 활동에 블록을 사용하는 이유, 즉 언어치료의 목표는 어휘 지도(예: "끼워" "빼" 등), 구문 지도(예: "블록 끼워" "블록 빼" 등)일 수 있어요. 반면, 놀이치료 활동에 블록을 사용하는 이유, 즉 놀이치료의 목표는 어떤 형태의 볼록 완성(예: 자동차 모양)을 통한 자신감 개선, 자존감 향상이 될 수 있어요. 동일한 블록 장난감을 통한 놀이 활동이지만 치료 목표는 다르죠. 참고로 이런 블록 놀이는 작업치료에서도 소근육 개선, 눈·손 협응 향상을 목표로 사용될 수 있어요.

　아이가 겪고 있는 문제를 극복하기 위해 언어치료, 놀이치료, 감각치료 등 다양한 치료가 필요할 수 있어요. 부모는 이런 치료들이 아이의 어떤 능력을 개선시키는 것인지, 그러한 능력을 개선시키기 위해 어떤 활동을 하는지 등에 관해 끊임없이 관심을 가지면 좋을 것 같아요.

아이의 ○○ 선생님이 언어치료를 받을 필요가
없다고 하는데요?

우리 연구소에서 수업을 받고 있는 아이들도 다른 아이들처럼 어린이집, 유치원과 같은 보육 혹은 교육 기관을 다니고 있고 학습지, 미술, 태권도 등과 같은 개별 교육도 받아요. 아이가 받는 교육이 많으면 많을수록 교육을 담당하는 전문가가 많으니, 견해가 다양한 것은 당연하겠죠. 그렇기에 이런 견해들이 서로 일치되는 부분도, 일치되지 않는 부분도 있을 거예요. 견해가 일치된다면 부모는 굳이 고민할 필요가 없겠지만 일치되지 않을 때는 혼란스러울 수 있어요.

부모는 일치되지 않은 부분에 관해 담당 전문가에게 직접 질의를 하고 상담을 하면서 이견(異見)에 관한 의문을 해소할 수 있어요. 그런데 해당 영역의 전문가가 아닌 분이 부모에게 조언을 하는 경우 예상하지 못한 문제가 발생할 수 있어요. 대표적인 예로 "집에 오는 아이의 ○○ 선생님이 언어치료를 받지 않아도 될 것 같은데요."라는 말에 부모는 심적으로 동요될 수도 있어요. 물론 부모의 판단이 확고하다면 별다른 일이 발생하지 않겠지요.

필자는 아이의 ○○ 선생님에게 어떤 말을 하고 싶은 생각은 없어요. 그분도 일상생활에서 아이에 관한 일반적 의견을 전달한 것이라고 생각해요. 오히려 부모로 하여금 아이의 문제에 관한 본질, 현재 상태 그리고 치료에 관한 전반적 내용을 체계적으로 이해하고 가정에서 연계할 수 있도록 언어재활사의 도움을 구할 필요가 있을 것 같아요. 물론 언어재활사 입장에서는 그분이 언급한 부분을 비전문가라는 이유로 귀담아 듣지 않을 수도 있어요. 그러나 부모의 입장은 또 다를 수 있어요.

필자는 이 사례에서 두 가지를 강조하고 싶어요.

하나는 **평상시 부모 상담의 중요성**이에요. 초기 상담을 포함하여 수업이 진행되면서 수업 후 이루어지는 상담에서 부모에게 아이의 현재 상태 그리고 치료 방향에 관한 전문적인 의견 개진이 필요해요.

다른 하나는 **재활치료** 영역의 **전문성**을 더욱 높일 필요가 있을 것 같아요. 이 사례를 예로 들면 상담을 받는 분(주로 부모)이 언어재활사의 견해와 언어재활사가 아닌 분의 견해가 전문성에 있어 차이가 있다는 점을 느낄 수 있도록 언어재활사의 전문성을 높일 필요가 있겠지요.

언어치료를 받고 싶은데,
가정 방문 수업은 안 하세요?

자주는 아니지만 가끔 듣는 질문이에요. 부모 입장에서 여러 가지 이유로 아이와 함께 기관을 방문하는 것이 어렵거나 불가능할 때가 있죠. 예를 들어, 어머니가 출산을 하는 경우, 아이의 동생이 어려서 지속적으로 두 아이를 데리고 연구소를 방문하는 것이 어려운 경우, 아이의 집과 연구소의 거리로 인해 이동시간이 길어 아이가 체력적으로 부담을 느끼는 경우, 한부모 가정으로 아이를 데리고 다닐 사람이 없는 경우 등 사유도 다양해요. 이런 경우는 단점이 있더라도 가정 수업을 해야 할 수도 있어요.

가정 방문 수업의 가장 큰 장점은 당연히 편의성이죠. 앞에서 언급한 사례에도 해당되고요. 기관을 방문하기 위해 아이를 준비시키는 과정, 이동하는 과정이 없기 때문에 부모 입장에서는 훨씬 수월해요. 아이 입장에서도 자신의 집이기에 안정감을 느낄 수 있죠. 또 타인의 시선을 의식할 필요도 없어요.

반면, 가정 방문 수업의 단점도 있어요. 연구소에 오는 아이들은 문제를 극복하기 위해 무엇보다 외부 환경, 즉 새로운 자극에 반응하는 힘을 향상시키는 것이 필요해요. 그런데 집은 아이에게는 너무나 익숙한 환경이에요. 이 환경에서 전문가가 주는 자극은 제한적일 수밖에 없어요. 또한 부모도 마찬가지예요. 부모가 아이와 함께 정기적으로 기관을 방문하여 지금까지 아이에게 자극을 주고 반응을 하는 방법, 아이의 문제 행동에 관한 대처 등 아이와의 전반적인 상호작용, 양육 방식을 모니터하고 점검하는 능력을 비슷한 상황에 있는 다른 아이의 부모 관찰 등을 통해 향상시킬 필요가 있어요.

가정 방문 수업과 기관 방문 수업은 각각 일장일단이 있어요. 아이가 겪는 어려움을 고려할 때, 둘 중 어떤 수업이 아이에게 더 도움이 될 것인가를 판단하여 결정하면 좋을 것 같아요. 만약 결정을 하지 못한다면 전문가에게 상담을 받으시는 것도 좋은 방법입니다.

아이가 언어치료 수업에서
스트레스를 받는 것 같아요.
계속 받아야 할지 고민이에요.

　　필자가 학교에서 학생들의 임상을 지도할 때 가장 많이 한 말 중 하나는 실습시간에 아이에게 질문을 하지 말라는 것이었어요. 실제로 학생들은 언어치료 활동에서 질문을 하면서 진행하는 경우가 많아요. 예를 들어, "이것은 무엇일까요?" "이것은 어떻게 하면 될까요?" 만약 선생님이 수업시간 동안 계속 질문을 한다면 여러분은 어떤 생각이 들까요? 아마 '이거 뭐지?' '왜 자꾸 질문을 하는 걸까?'라는 생각이 들면서 부담스러울 거예요.

　　단언컨대, 언어치료는 질문을 하는 활동이 아니에요. 물론 질문도 필요하겠지만 수업시간 전반에 걸쳐 아이에게 질문을 하는 것은 바람직하지 않아요. 질문은 가급적 삼가며, 아이가 놀이 활동에 자연스럽게 참여하도록 유도하여 치료 목표 모델(언어)에 노출되도록 할 필요가 있어요. 기본적으로 언어재활사와 함께하는 활동이 재미있어야 아이는 자연스럽게 참여할 거예요. 따라서 언어재활사는 아이가 어떤 놀이를 좋아하는지, 그 놀이와 언어치료 목표를 어떻게 연결하면 좋을지를 생각해야 해요.

한편, 언어치료 활동을 통해 향상되는 언어수행력은 기본적으로 인지능력이 받쳐 줘야 해요. 외부 자극에 반응할 준비와 관련된 주의력, 자극을 처리하고 저장하는 기억력, 그리고 어떤 상황을 판단하고 생각하고 문제를 해결하는 실행력 등은 인지능력에 해당되는 것이예요. 참고로 이런 인지능력은 학습과도 밀접한 관련이 있어요. 학습이란 단어가 나오는 순간 벌써 머리가 아프죠?

우리 아이들은 성장하면서 외부 환경(대표적으로 유치원)에 적응하기 위해 하기 싫은 것도 해야 될 때도 있고, 하고 싶은 걸 기다릴 줄도 알아야 해요. 이런 조절력은 하루아침에 형성되는 것이 아니라 지속적이고 반복적인 경험을 통해 점진적으로 길러질 수 있어요. 언어수행력도 마찬가지예요. 지속적이고 반복적인 경험을 통해 조금씩 향상되는 거죠. 더불어 아이의 언어수행력이 향상되기 위해서는 인지ㆍ학습 부분이 일정

부분 관련되어 있기 때문에 어느 정도의 스트레스는 있을 수 있어요. 아이가 이런 스트레스도 다룰 줄 알아야 하는데, 이것 역시 반복적인 경험을 통해 향상되어져요. 반복적인 경험을 할 기회가 없으면 아이가 스트레스를 다루는 능력이 개선될 기회도 함께 없어지게 되는 거죠.

현장에서 자의든 타의든 재활치료의 시기를 놓치는 사례를 종종 만나게 돼요. 6~7세 아이가 조음치료(발음치료)를 받는 것을 거부하여 그만두는 사례(이런 경우는 대부분 부정확한 발음이 굳어져 버려요), 5~6세 아이가 선택적 함묵증(selective mutism)을 나타내지만 치료받는 것을 중단하는 사례 등이 대표적이에요. 치료를 받아야 하거나 계속 되어야 할 시기가 지나 버리면 다시 시작하더라도 효과가 더디게 나타나거나 더 오랜 시간을 필요로 하겠죠. 언제든 다시 재활치료를 시작하면 된다는 판단이 자칫 문제를 더 악화시킬 수 있다는 점을 생각하셔야 돼요.

부모 입장에서는 아이가 특정 수업을 받기 싫다고 호소하거나 그 수업으로 인해 스트레스를 받는다고 느껴지면 고민할 수밖에 없을 거예요. 다만, 그런 호소가 아이의 일반적 성향이 아닌지 면밀하게 고민해 볼 필요가 있어요. 전문가 입장에서도 아이의 특성, 수업 방식 등의 측면에서 다시 한번 살펴볼 필요가 있어요.

그룹치료 활동에 참여하는 내 아이와
다른 아이들이 맞지 않으면 어쩌죠?

연구소에서 아이의 사회성 향상을 목표로 그룹을 구성할 때 부모들에게서 자주 듣는 말이에요. 또한 아이의 문제가 개선된 후 유치원에서와 같은 또래 아이들과의 상호작용 상황에서도 개선된 언어능력이 자연스럽게 사용되는 경우도 많지만 사용되지 못하는 경우도 있어요. 이런 경우 소수의 아이들이 함께하는 그룹 활동이 필요해요.

그런데 이런 그룹을 구성할 때 참여 인원, 생활 연령, 언어능력, 결함이 나타나는 영역, 결함의 심한 정도 등의 요소뿐만 아니라 성격, 행동 특성 등도 고려하게 돼요. 고려한다는 의미는 연령, 언어능력, 성격, 행동 특성 등이 비슷한 아이들로 구성할 수도 있고 전혀 다른 아이들로 구성할 수도 있어요. 필자의 경험상 절대적인 기준은 없는 것 같아요.

중복되는 말이지만 그룹 활동은 아이들의 사회성 향상을 목표로 해요. 사회성은 사회적 관계 형성 즉, 다양한 사람, 대상, 상황에 따라 어떻게 관계를 맺고 형성해 나가는가와 관련된 것이에요. 제목에서처럼 그룹에 참여하는 내 아이의 행동특성이 다른 아이들과 다르기 때문에 상호작용하는 방식, 관계를 맺어 가는 방식 등을 배워 나가는 것이 필요하겠죠! 이런 것을 자연스럽게 배울 수 있도록 하기 위해 그룹을 구성하고 함께 활동하는 이유예요.

우리 아이가 유치원, 초등학교에 입학하면 (아이를) 괴롭히는 또래, 아무 관심 없는 또래, 잘 대해 주는 또래 등 다양한 친구들을 만나게 돼요. 이런 상황에서 아이가 똑같은 말, 행동을 한다고 생각해 보세요. 뭔가 좀 이상하죠? 잘 대해 주는 친구에게는 아이도 잘 대해 줘야 하고요. 괴롭히는 친구에게는 단호하게 대응해 주는 것이 적절하겠죠. 결국 그룹 수업 활동은 또래와의 예행 연습이라고 생각하시는 것이 좋을 것 같아요. 질문에 대한 필자의 대답은 이거예요.

> "어머니! 맞지 않기 때문에 그리고 앞으로 맞추는 법을 알아 가야 하기에……
> 그래서 그룹 활동이 꼭 필요해요."

표현 언어 능력의 개선이 더딘데,
혹시 감각통합치료가 필요한 건 아닐까요?

한 아이의 엄마가 수용 언어는 향상되는 것 같은데 표현 언어는 향상되고 있는지 모르겠다고 필자에게 상담을 요청한 사례가 있었어요. 우리 연구소는 평소 모든 아이의 상태를 필자를 포함하여 선생님들 간에 공유하는 시스템이지만, 이런 경우 어머니와 상담을 하기 전 담당 언어재활사와 치료 전 언어수준, 현재 언어 수준, 치료 방향 등에 관한 점검을 한 번 더 해요. 그 엄마는 아이의 조부모에게 "언어치료를 받은 기간이 꽤된 것 같은데, 여전히 제자리인 것 같다." 그리고 "주변에서 아이의 표현 언어를 향상시키기 위해 감각통합치료를 받아 보라."는 조언을 들었다고 했어요.

사실 이런 사례를 설명할 때는 아이의 배경 정보와 치료 정보를 먼저 밝히는 것이 우선이지만, 개인정보와 관련된 부분이기에 여기서는 공개가 어렵다는 점을 양해해 주세요. 어머니와의 상담에서 필자는 일반 아이들의 언어발달을 살펴보면 수용 언어발달이 선행되고 표현 언어 발달이 뒤를 따른다는 엄마에게 설명했어요. 그리고 2020년 4월부터 주 2회 수업을 받았지만 6월부터 9월까지 주 1회 수업을 해 온 점을 고려한다면 표현 언어 향상이 다소 느릴 수밖에 없다는 설명도 했어요. 수업 회기 수와 아이의 진전의 상관성은 많은 연구를 통해 이미 입증이 되어 왔어요. 다른 변수가 동일하다면 주별 치료 회기 수가 진전에 영향을 미치는 중요한 변수라는 것은 당연한 것이겠죠(이 주제의 글은 2020년 11월에 집필함).

상담에서 한 가지 특이하게 생각했던 점은 주변 지인이 말을 잘 못하는 것 같으니 감각통합치료를 받아 보라는 권유를 했다는 점이에요. 그 지인은 자신의 아이도 말을 잘 못했는데 감각통합치료를 받고 나서 좋아졌다고 하면서요. 그러나 지인의 아이와 이 아이가 동일한 문제를 겪고 있는지부터 확인해 볼 필요가 있습니다. 보통 "아이가 말이 늦어요."라고 보고하는 대부분의 사례들은 말(speech)의 문제가 아니라 언어(language)의 문제인 경우가 많아요. 전문가가 아닌 이상 말과 언어의 차이를 확실하게 구분하기 어려워요. 필자의 추측으로 주변 지인의 아이는 말에 문제가 있었기 때문에 감각통합치료가 효과적이었을 수 있어요. 왜냐하면 말에 문제를 일으키는 원인 중 구강감각 능력의 저하가 있을 수 있기 때문이죠. 그러나 이 아이는 전형적인 언어발달, 즉 표현 언어 발달이 지연되고 있어요. 따라서 감각통합치료를 하기보다 주별 회기 수를 늘려 지속적인 언어치료를 하는 것이 더욱 효과적일 것 같아요.

얼마 후, 필자와 상담을 했던 엄마는 치료 회기 수를 늘리지 않고 감각통합치료 수업을 시작하겠다고 연구소로 연락이 왔어요. 실제로 수업도 시작하셨어요. 필자는 충분히 이해해요. 아이가 어려움을 겪게 되면 부모 입장에서는 해결을 위해 무엇이든 시도해 보고 싶으니까요. 다만, 전문가 입장에서 돌아가는 길을 선택을 하신 것 같아 안타까울 따름이에요.

성인도 치료가
가능한가요?

우리 연구소 옆에 ○○한의원이 있어요. 가끔 한의원에 치료를 받으러 다니는 환자 혹은 보호자께서 연구소에 들어오셔서 "성인도 치료가 되나요?" 혹은 "여기서 실어증 치료도 하나요?"라고 물으시곤 해요(물론 전화로 상담 요청을 하는 분들이 더 많아요). "치료가 되나요? 안 되나요?"라는 이분법적 질문에 대답을 하라고 한다면 제 대답은 "당연히 됩니다."예요.

현재 연구소에서 치료를 받고 있는 성인 대상자들이 겪고 있는 문제로는 구순구개열로 인한 공명장애, 말더듬, 뇌 손상으로 인한 실어증, 지적장애로 인한 언어장애 등이 있어요. 연령은 20·30대뿐만 아니라 50·60대도 있어요. 이들은 주 2회

(혹은 주 1회) 치료를 받고 있어요. 상대적으로 아이들에 비해 치료 활동에 참여하는 동기, 활동을 하는 동안 주의집중력 등이 좋은 것은 강점이지만 개선의 속도가 다소 느릴 수 있다는 것은 약점이에요.

그런데 혹자는 "20·30대 젊은 친구들이 치료를 받는 것은 이해가 되지만 50·60대 나이가 좀 있는 분들이 치료를 받는 것은 쉽게 이해가 되지 않네요."라고 말해요. 이는 20·30대는 취업, 결혼 등 미래를 위해 문제를 해결할 필요가 있지만 상대적으로 50·60대는 그 필요성이 높지 않다는 의미에서 하는 말일 수 있어요. 그러나 문제를 해결해야 할 필요성은 다른 사람이 판단하는 것이 아니라 당연히 대상자 본인 혹은 가족이 판단해야겠죠.

우리 사회는 이미 100세 시대에 접어들었어요. 숫자로만 봐도 50·60대는 앞으로 최소 30~40년에서 최대 40~50년을 살아야 해요. 이 시간은 결코 짧지 않아요. 이 시간 동안 대상자 본인뿐만 아니라 보호자 혹은 자녀도 건강하고 즐겁고 행복하게 살아야 하지 않을까요? 어려움을 겪고 있는 가족 구성원이 있다면 대상자를 포함한 가족 모두가 힘든 생활을 하게 될 거예요.

필자는 성인 대상자들이 갖고 있는 강점(예: 참여 동기, 주의집중력 등)을 최대화시켜 치료를 받게 되면 약점(예: 느린 개선 속도)이 최소화되는 사례를 많이 경험했어요. 필자의 경험상 약점을 최소화시키는 데 가장 효과적이고 중요한 원칙은 규칙적이고 지속적으로 재활치료를 받는 것이에요. 치료의 효과가 없다는 사례의 대부분은 그 원칙이 지켜지지 않은 경우예요. 그래서 치료 전 상담과정에서 이런 부분을 대상자와 보호자에게 충분히 설명하는 것과 당사자들이 이를 인식하는 것이 매우 중요해요.

말더듬은
치료가 되나요?

"우리 아이가 1~2년가량 말더듬 치료를 받고 있는데,
나아질 기미가 안 보여요. 말더듬은 치료가 될 수 있나요?"

"말더듬은 치료가 되는 것일까요?"라는 질문을 보호자 그
리고 대상자로부터 많이 받아요. 심지어 같은 일을 하는 동료
에게도 받아요.

요즘은 인터넷을 통해 관심 있는 정보를 알아보는 것이 보
편화되어 있죠. 유명 검색사이트에 '말더듬 발생' '말더듬 발달'
등의 키워드로 검색해 보면 많은 정보를 알 수 있어요. 그런 정
보를 접할 때 정확한 것도 있지만 정확하지 않은 혹은 틀린 것

도 있다는 것을 유념하셔야 해요. 물론 전문가가 아니기 때문에 어떤 정보가 정확한지 정확하지 않은지를 판단하기 어려울 수 있어요. 그렇기 때문에 전문가와 상의를 할 필요가 있어요. 특히 자녀가 말더듬 문제를 겪고 있다면 더욱 그렇게 해야겠죠.

말더듬은 보통 말(speech)과 언어(language)를 배우는 시기인 2~5(6)세의 아이에게 발생한다고 알려져 있어요[1]. 많은 연구자가 발생 원인을 밝히기 위해 노력하고 있지만, 아직 베일에 가려져 있어요. 최근 발달된 의학 기술을 이용한 연구들을 통해 뇌(brain)의 구조 혹은 기능에 결함이 있을 가능성에 힘이 실리고 있어요. 물론 이를 확증하기 위해서는 더욱 많은 연구가 필요해요.

우리 연구소는 말을 더듬는 다양한 연령대의 대상자에게 말더듬 중재 서비스를 제공해 오고 있어요. 대상자는 말더듬이 시작된 지 얼마 되지 않은 어린 아이부터 20~30년 동안 계속 말을 더듬어 온 40·50대 성인까지 다양해요. 이들은 짧게는 수개월부터 길게는 수년에 걸쳐 말더듬 중재 서비스를 받고 있어요.

---

1) 이 시기에 말더듬이 발생하여 계속 악화되는 말더듬을 학계에서는 '발달성 (developmental) 말더듬'이라고 해요.

그런데 말더듬 중재를 통해 말을 유창하게 하는 사례도 있지만 그렇지 않은 사례도 있어요. 보통 발달성 말더듬 대상자라면 말더듬이 처음 나타난 시기, 더듬는 형태 등은 크게 차이가 나지 않아요. 반면, 대상자들마다 가정의 환경(예: 부모가 아이의 말더듬을 보는 견해, 가정에서 부모의 반응), 성격, 주별 치료 횟수 등은 차이가 날 수 있어요. 이런 이유로 동일한 중재법을 사용하더라도 효과는 다를 수 있어요.

학령 전 아이들의 대상으로 한 말더듬 중재 효과는 대략 70% 정도 내외이고, 나머지 30% 전후의 아이들은 말더듬 중재를 받음에도 불구하고 지속적으로 더듬는 것 같은데[2], 성별로 보면 대부분 남자 아이들이에요(이 경우에 간혹 말더듬이 심해지기도 하지만 상당수는 더 이상 악화되지는 않아요). 필자의 경험에 따르면 여자 아이가 중재를 받는 경우 대부분 좋아지는 것 같아요.

그런데 말더듬 관련 연구 혹은 문헌에서 말더듬이 시작되고 있는 시점의 남녀 비율은 1:1로, 초등학생 시기의 남녀 비율을 3(4):1로 제시하고 있어요[3]. 우연인지 모르겠지만 이 비율과 앞에서 언급한 필자의 경험적 수치를 생각해 보면 어느 정도 맞는 것 같기도 해요.

---

2) 이 수치는 필자의 임상 관련 경험적 관점에서 유추한 것을 밝힙니다.

3) 안종복, 김시영, 김효정, 박진원, 신명선, 장현진, 전희숙, 정훈 역(2018). 말더듬: 본질 및 치료에 관한 통합적 접근(제4판). 서울: 박학사.

다시 처음으로 돌아가서, 말더듬이 시작된 어린아이를 대상으로 말더듬 중재를 하더라도 여러 가지 요인으로 인해 중재 효과가 빨리 나타나지 않는 사례가 있어요. 필자는 그런 요인의 하나로 대상자의 '예민한 성격'에 관해 언급하고 싶어요. 요즘은 '성격'을 알아볼 수 있는 다양한 체크리스트가 있어요. 그럼에도 불구하고 '성격이 예민하다'는 정의를 한마디로 내리기는 어려울 수도 있어요. 여하튼 성격이 예민하면 왜 말더듬 치료 효과를 더디게 만드는 것일까요?

경험상, 성격이 예민한 말더듬 대상자는 외부에서 주어지는 자극에 반응을 잘하지 않거나 선택적으로 반응하는 경향이 있어요. 보통 수업시간에 대상자가 유창한 말을 할 수 있도록 언어재활사가 계획된 자극을 주어요. 이 자극에 대상자가 반응을 해 줘야 하는데, 성격이 예민한 대상자들은 잘 반응하지 않아요. 궁극적으로 대상자가 말을 하는 연습을 많이 해야 하는데, 입을 다물거나 자극에 따라 선택적으로 반응하면 연습 자체가 부족하게 돼요. 연구소에서 이렇게 반응한다면 연구소 밖의 환경에서는 그 반응이 더 강하게 나타날 거예요.

언어재활을 받는 대상자들은 수업이 없는 날도 가정에서 연습을 해야 효과가 빨리 나타나요. 다음의 글은 유시민 작가의 『글쓰기 특강』에서 발췌한 내용이에요(p.220). 필자도 이 내용에 전적으로 동의해요. 유시민 작가가 "글쓰기 근육을 길렀다."는 표현을 했다면 필자는 '글쓰기 신경로[4]가 만들어졌다.'로 표현하고 싶어요. 말더듬도 마찬가지예요. 매일 연습을 통해 유창한 말을 하도록 신경로를 만들어야 해요. 꾸준히 지속적이고 일관된 연습이 그 신경로를 만들 수 있어요. 예민한 성격이 말더듬 중재 효과를 더디게 만드는지에 대한 대답이 되었을까요?

> 티끌은 모아 봐야 티끌이라는 우스개가 있다.
> 하지만 글쓰기는 그렇지 않다. 글쓰기는 티끌 모아 태산이 맞다.
> 하루 30분 정도 자투리 시간을 활용해 수첩에 글을 쓴다고 생각해 보자.
> 아무것도 아닌 것처럼 보인다. 하지만 매주 엿새를 그렇게 하면 180분,
> 세 시간이 된다.
> 한 달이면 열두 시간이다. 1년을 하면 150시간이 넘는다.
> 이렇게 3년을 하면 초등학생 수준에서 대학생 수준으로 글솜씨가
> 좋아진다. 나는 그렇게 해서 글쓰기 근육을 길렀다.

---

4) 신경로는 원어로 'neural pathway' 혹은 'neural tract'인데요. 쉽게 말해 다수의 신경세포가 서로 연접(synapse)이 되어 있는 것을 말해요. 뇌에서 이 신경로가 만들어져야 특정 기능을 수행할 수 있게 되는 것이지요.

말을 하는 데 어려움이 있는 것과
표현 언어에 어려움이 있는 것이 다른 건가요?

필자가 조음(발음)에 어려움을 겪고 있는 아이의 보호자와 상담을 했을 때 일이에요. 어머니는 필자와 상담을 시작하기에 앞서 다른 기관에서 아이에 대해 평가를 받고 결과 상담도 했다고 미리 이야기해 주셨어요. 필자는 어머니가 다른 기관에서 상담을 받았기 때문에 아이의 어려움을 어느 정도 이해하고 있는 걸로 예상했었어요. 그런데 어머니의 첫 질문은 "아이가 자연스럽게 언어를 표현할 수 있게 되면 발음도 자연적으로 잘할 수 있게 되는 건가요?"였어요.

이 질문에 답을 하기 전에 기본적 개념을 먼저 생각해 볼 필요가 있을 것 같아요. 앞의 사례에서 "말을 하는 데 어려움이 있다."는 표현에서 '말'은 'language'가 아닌 'speech'에요. 'speech'는 언어라는 기호를 소리, 즉 말소리(speech sound)로 산출된 것을 의미해요(이에 관해 앞에서 이미 언급한 내용임). 이 말소리는 인간의 신체기관인 호흡 기관과 근육, 발성 기관과 근육, 공명 기관과 근육 그리고 조음 기관과 근육이 유기적으로 협응되어 산출되는 소리예요. 사례에서, 이 아이는 '사탕'을 "따탕"으로 말하거나(발음하거나) '그림'을 "그임"으로 말하는 (발음하는) 문제를 겪고 있다는 것이죠.

반면, 'language'는 인간이 전달하고자 하는 메시지(의도)를 기호(symbol)로 바꾼 것이에요. 예를 들어, 28개월 된 아이가 사탕이 먹고 싶으면 엄마를 바라보면서 '따탕'이라는 한글 기호를 사용하겠죠(만약, 미국 아이라면 'candy'라는 영어 기호를 사용하겠죠). 이 아이에게 동그란 형태로 입에 넣으면 딱딱하지만 달콤한 맛을 느낄 수 있는 사물을 떠 올리며 '따탕'이라는 한글 기호를 사용해요. 아이가 이런 기호를 표현하게 되면 대부분의 엄마는 아이에게 사탕을 주면서 "사탕 줄까?" "사탕 여기 있어." 등의 반응을 하죠. 엄마로부터 이런 반응이 나올 때 아이는 자신의 의도가 엄마에게 적절하게 전달된 것을 확인해요. 만약, 아이가 사탕을 떠올리면서 "비뽕"이라고 표현한다면, 엄마는 아이가 무엇을 표현하는지 모를 수밖에 없어요(아이를 처음 보는 사람은 전혀 모르겠죠). 분명 아이가 사용한 '비뽕'의 음소(phoneme, 자음과 모음)는 한글 기호(/ㅂ/, /ㅣ/, /ㅃ/, /ㅗ/, /ㅇ/)에 해당하지만, 의미적 측면에서 무의미한 것으로 한글 기호에 해당되지 않아요. 제일 중요한 점은 이런 기호를 사용하면 아이는 엄마에게 자신이 메시지를 정확하게 전달할 수 없게 되지요.

사례에서 어머니가 필자에게 처음 질문한 것으로 돌아가 볼게요.

"아이가 자연스럽게 언어를 표현할 수 있게 되면 발음도 자연적으로 잘할 수 있게 되는 건가요?"

앞에서 필자가 설명한 부분을 이해할 수 있다면, 이 질문에 관한 대답을 여러분도 할 수 있으실 거예요. 언어를 표현하는 것과 발음을 하는 것은 다른 개념이에요. 표현 언어 발달이 느리면 발음 발달도 느릴 가능성은 높지만, 표현 언어 발달이 개선된다고 해서 발음도 자연스럽게 잘할 수 있을 가능성은 '높다/낮다'의 개념이 아니라 'case by case'일 수 있어요. 오히려 잘못된 발음 패턴이 굳어질 확률이 훨씬 더 높을 수 있어요.

COVID-19(코로나 19) 때문에…….
선생님 마스크 착용하고 수업해 주세요!

　이 책이 출간될 시점에는 COVID-19가 과거의 일이었기를 진심으로 기원해요. 만일 그때까지도 진행된다는 건 상상하기도 싫네요. COVID-19가 외국에서 처음 발생하여 국내에 확진된 환자의 수가 미미할 때까지만 해도 우리 연구소와는 크게 관련이 없는 듯 했어요.

　그런데 2020년 2월 19~21일 대구에서 확진 환자의 수가 갑작스럽게 증가하면서 상황은 변했고, 우리 연구소도 그에 맞추어 적극적으로 대응했어요. 직원 전체를 대상으로 하루 2회(출근 직후, 오후 업무 시작 전) 발열 체크를 의무적으로 하고 수업을 받는 아이와 보호자도 연구소에 들어오기 전 발열 체크를 하고, 들어와서는 손을 깨끗하게 씻도록 했어요. 그리고 보호자의 동의를 받아 발열 체크를 해서 열이 37.5도를 넘을 경우 수업을 하지 않도록 했어요.

이 과정에서 일부 보호자는 수업을 하는 동안 선생님들도 마스크를 착용해 달라는 요청을 하셨어요. 이런 요청이 있기 전에 이미 연구소 내부에서 수업 시 마스크 착용 여부에 관한 논의가 있었어요. 당연히 착용해야 한다는 의견도 있었고 영역의 특성을 고려해야 한다는 의견도 있었어요. 의견을 내신 분들은 언어재활 팀이었는데, 언어재활의 과정 그리고 목표를 고려하면 그 마음이 십분 이해가 돼요.

언어재활의 협의(狹義)적 목표는 언어[1]를 사용하여 타인과 의사소통하는 것이고 광의(廣義)적 목표는 언어를 포함한 모든 방식을 통해 타인과 원활하게 상호작용하는 것이에요. 협의적 목표를 성취하기 위해 아이가 대화를 하는 동안 가장 기본적으로 지켜야 하는 점은 대화 상대(예: 부모)의 얼굴을 바라보는 것이에요. 광의적 목표에 해당하는 타인과 원활하게 상호작용을 하기 위해서 언어 이외에 다른 측면, 예를 들어 얼굴 표정, 제스처 등과 같은 요소도 중요해요. 그런데 수업시간 동안 아

---

1) 우리는 한국어, 즉 한글이겠죠.

이와 언어재활사가 마스크를 착용한다면 협의적 목표든 광의적 목표를 성취하는 데 제한점이 발생할 수 있어요. '시선 접촉 (eye-contact)'이라는 말을 들어 보신 적 있으시죠? 시선 접촉은 말 그대로 대화를 하는 동안 눈만 보는 것이 아니라 상대의 입모양, 얼굴 표정, 제스처 등을 전반적으로 살핀다는 의미예요. 만일 언어재활사가 마스크를 착용하고 있다면 아이는 언어재활사가 말을 하는 동안 입모양, 얼굴 표정 등을 적절하게 볼 수 없게 돼요. 특히 발음에 문제가 있거나 말을 더듬는 아이에게 언어재활사의 모델이 더욱이 중요해요.

이런 이유로 언어재활사가 마스크를 착용하지 않아야 한다는 주장을 하는 것은 아니에요. 다만, 수업을 시작하기 전 부모에게 이런 점에 관해 논의를 하는 것이 필요하다는 것이지요. 정리하면 건강을 지킬 수 있는 환경을 만들고 아이에게 도움이 되는 것이 어떤 것인지를 부모와 함께 숙고(熟考)할 필요가 있을 것 같아요.

설소대 수술을 하면 발음이
자연스럽게 좋아지는 것 아닌가요?

아이의 발음이 좋지 않다는 이유로 상담을 하다 보면 설소대(lingual frenulum) 수술의 사례력을 만나는 경우가 종종 있어요. 설소대가 혀끝(설첨)에 붙어 있는 것이 육안으로 보일 정도라면 영유아 검진 등의 과정에서 당연히 의학적 조치를 취하도록 권고를 하겠죠. 보통은 어린 시기에 설소대 수술을 하고 나면 정상적으로 발음이 발달될 가능성이 높아요. 실제로 많은 분이 아이의 발음에 문제가 있을 거라는 생각을 전혀 하지 않으세요.

그런데 간혹 설소대 수술 사례력이 있는 아이가 3~4세에 이르면 어린이집, 키즈 카페 등 또래와 어울리는 기회가 많아지면서 부모는 아이의 발음이 조금 이상한 것을 인식하게 돼요. 사실 이 연령 전까지는 아이가 일상에서 사용하는 언어는 두세 단어를 연결하여 발화하기 때문에 혹은 부모 귀에 익숙하기 때문에 발음 문제가 두드러지지 않을 수 있어요. 다만 어린이집 교사 혹은 부모의 친구와 같은 외부 지인이 조심스럽게 언급하는 경우가 있어요.

필자와 상담을 할 때까지도 발음의 지연 혹은 문제를 받아들이지 못한 분들도 간혹 있기도 해요. 필자는 일반 아이의 연령별 말소리(speech sound)의 발음 발달에 관한 비교·설명을 하면서 발음 문제의 다양한 원인에 관해서도 설명을 해요. 설소대 수술 사례력이 있는 아이들은 혀의 움직임이 제한적이었을 가능성이 높아요. 다시 말해 정상 위치에 설소대가 있었던 것이 아니라 혀끝에 있었기 때문에 특히 수술 전까지 제한적으로 혀가 움직여 발음하는 패턴이었을 거예요.

또한 이런 사례의 경우 전반적인 구강안면(cranio-facial) 기능이 다소 약할 가능성이 있어요. 사실 구강안면 영역의 구조적 이상 여부는 병원에서의 검사를 통해 확인할 수 있지만 기능적인 측면의 이상 여부는 객관적으로 확인하기 어려운 것이 현실이에요. 비슷한 예로 구개열(cleft palate)이 있는 대상자들에게서 구개올림근(levator veli-palatini muscle) 등 관련 근육들의 기능이 떨어져 연인두 폐쇄(velo-pharyngeal closure)가 어려운 사례들이 있어요. 지금 이런 사례들은 필자가 임상 현장에서의 경험을 바탕으로 말씀드리는 것이에요.

정리하면, 설소대의 이상으로 인해 아이가 어린 시기에 수술을 해야 된다면 발음의 발달 추이를 지켜볼 필요가 있어요. 일반적인 연령별 발음의 발달과 아이의 발음 양상을 비교하면서 혹시 부정확하게 발음되는 말소리가 있는지 확인하면 좋을 것 같아요. 특히 혀의 움직임과 직접적 관련이 있는 말소리(예: /ㄷ/ 계열, /ㅈ/ 계열, /ㅅ/계열, /ㄹ/)를 주의 깊게 볼 필요가 있어요. 또한 특정 말소리가 낱말에서는 정확하게 발음되지만 문장에서 발음이 잘되지 않는 현상도 있을 수 있기 때문에(예: /ㅈ/이 '자동차'라는 낱말에서는 정확하게 발음하지만 '예쁜 자동차가 너무 많아.'라는 문장에서는 정확하게 발음되지 않는 경우), 이 부분도 지켜보세요. 혹시 아이의 발음에 관한 의문이 있거나 판단을 하기 어렵다면 전문가인 언어재활사와 상담해 보시기를 권해 드려요.

아이의 언어는 많이 개선되었으니,
(이제) 감각통합치료를 받아 보세요?

> 아이: 쉬하고 싶어. 쉬하고 싶어.
>
> 엄마: ○○이 쉬하고 싶어?
>
> 아이: 쉬하고 싶어. 쉬하고 싶어.
>
> 엄마: 그래. 쉬하러 가자.

　　독자 여러분은 이 대화를 보고 아이의 언어가 어떤 것 같으세요? 어떤 분들은 "쉬하고 싶어."라는 표현을 반복해서 사용하는 것을 보니 "아이가 화장실이 급한가 봐요."라고 생각할 수도 있을 것 같고, 다른 분들은 "뭐가 문제가 있어요?"라고 필자에게 역으로 질문을 할 수도 있을 것 같아요. 또 어떤 분들은 "문자만으로 표현된 것을 해석하려는 것 자체가 제한적인 것 같다."라고 하실 수도 있을 것 같아요. 맞아요. 지면으로만 제시된 글을 보고 문제를 찾는 다는 것은 쉽지 않아요. 그렇지만 아이와 엄마의 대화 상황을 직접 본다면 의외로 쉽게 문제를 찾을 수 있어요.

　해당 사례는 아이가 타 기관에서 몇 개월 동안 언어치료를 받아서 언어 능력은 생활연령에 근접했지만 감각통합치료를 받으면 좋을 것 같다는 언어재활사의 권유를 받은 보호자께서 상담을 의뢰한 경우예요. 그런데 필자가 막상 보호자와 함께 온 아이를 만나 보니 화용 언어 능력에 결함이 있다는 것을 알게 되었어요. 더불어 상호작용을 하는 동안 필자와 눈맞춤이 거의 되지 않았고, 무엇보다 소통의 의도 자체가 없었어요. 그리고 가끔 산출되는 아이의 발화는 억양이 단조로운 편이었어요.

　앞 단락의 글을 읽어 보면 대략적으로 아이가 어떤 어려움을 겪고 있는지 유추가 가능하실 거예요. 필자는 보호자에게 감각통합과 관련된 평가뿐만 아니라 언어 영역, 특히 화용 측면의 평가 필요성을 설명해 드렸어요. 나아가 화용 언어와 사회성 간의 상관에 대해서도 설명해 드렸고요. 물론 이외에 다른 발달 영역에 관해서도 심층적으로 살펴볼 필요가 있을 수 있어요. 이 부분은 추후 재활치료를 진행하면서 논의하기로 보호자께 말씀 드렸어요.

언어재활 상담에서 가장 중요한 것은
무엇인가요?

이 질문은 연구소에 새롭게 오신 신입 선생님이 필자에게
한 질문이에요. 대학에서 교내 실습도 하고 외부 실습도 하지
만 현장 경험이 많지 않은 언어재활사에게 가장 고민이 되는
부분일 거예요. 실제로 부모 상담을 하는 것이 '두렵다'고 표현
을 하는 분도 있어요. 이러한 고민은 재활치료를 하는 모든 전
문가가 갖고 있는 것 같아요. 물론 분야마다 조금은 차이가 있
겠지만요.

필자는 이 질문을 한 선생님에게 "가장 중요한 것이 무엇인
지는 모르겠어요. 그런데 모든 것이 중요하다는 것은 알 것 같
아요."라고 답했어요. 덧붙여 "저도 아직 상담에 관해 배워 가

고 있는 중이에요."라고 말했어요. 아마 그 선생님은 필자의 대답에 실망을 했을 것 같아요. 무언가 확실한 답을 원했는데 더 헷갈리는 답을 했으니까요.

실제로 언어재활 상담을 위해 기본적으로 필요한 것은 많아요. 일반적으로 전문적 지식, 평가 수행력, 중재 응용력을 포함하여 보호자에게 관련 내용을 설명하는 전달력, 보호자의 심리상태를 파악하는 통찰력 등 다양한 능력이 필요해요. 그리고 연구소에 언어재활을 받는 대상자의 대다수는 어린아이이기 때문에 아이와 즐겁게 놀 수 있어야 해요. 간혹 아이와 어떻게 놀아야 하는지를 모르는 분도 있더라고요.

언어재활 상담은 대상자가 언어재활을 받는 동안 지속적으로 이루어져요. 상담에서 대상자의 현재 상태, 재활 목표, 사회성, 재활 기간 및 종료 시점, 진학 문제(일반 학교와 특수 학교), 학교(혹은 유치원) 생활, 장애 진단 신청, 정부(혹은 지자체) 지원 사업 신청 기준, 생활자조 기술(예: 배변가리기), 양육태도 변화 유도 방법 등 광범위한 내용이 다루어져요. 물론 사례에 따라 다루어지는 상담 내용의 비중이 다를 수는 있어요. 이러한 내용들 중 대상자와 보호자 입장에서 중요하지 않은 것이 있을까요?

이런 내용들을 신임 언어재활사가 한 번에 모두 다룰 수는 없을 거예요. 그럼에도 최대한 빠른 시간 내에 다룰 수 있도록 스스로 노력을 해야 해요. 현장에서 만나게 되는 대상자와 보호자는 기다려 주지 않아요. 그분들은 궁금한 것에 관한 정보를 시원하게 알려 주실 전문가를 원한다는 점을 기억하세요.

Part 3

상담 이야기 셋,
효과적 재활치료를 위해

개방된 창문을 가리면
어떨까요?

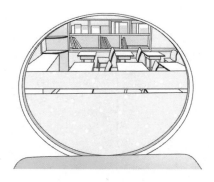

　언어재활을 포함하여 재활치료를 하는 공간은 대부분 개
방성보다 폐쇄성이 반영된 것이 특성이에요. 이는 재활치료를
받는 대상자들의 특성, 즉 주의가 산만한 점을 고려하여 치료
실을 만들기 때문이죠. 그런데 폐쇄된 공간에서 나타나는 부
작용 때문이라도 개방된 형태의 공간이어야 한다는 주장이 최
근 설득력을 얻고 있어요.

최근 우리 연구소는 문화관을 개관했습니다. 문화관을 개관하면서 부모님과 아이들이 대기하는 공간을 단순히 수업을 기다리는 곳이 아니라 책도 읽고 엄마와 이야기도 나눌 수 있는 작은 도서관처럼 만들었어요. 또한 그룹치료실을 학교 교실과 비슷한 형태의 미니 교실처럼 만들었어요. 미니 교실 벽에는 커다랗고 동그란 창을 만들어서 우리 아이들이 어떻게 수업을 하고 있는지 볼 수 있도록 했어요.

그런데 이렇게 만들어 놓고 보니 한 가지 염려되는 부분이 생겼어요. 앞서 언급한 것처럼, '그룹 수업에 참여한 아이들이 더 산만해지지는 않을까?' 하는 염려였어요. 물론 아이에 따라 그럴 수도 있어요. 그런데 한편으로는 분명한 장점도 있고 필요성도 있을 거예요.

실제로 우리 아이들은 개방된 공간에서의 경험을 더욱 많이 할 필요가 있어요. 치료실에서는 많이 호전되었다고 하지만 밖에서 혹은 학교에서는 여전히 잘 나타나지 않는다는 이야기를 자주 들어요. 이런 경우에는 대부분 일반화 단계, 즉 치료실 내에서 이루어지는 수행력이 치료실 밖에서도 이루어질 수 있도록 하는 중간 단계가 필요해요. 이 중간 단계, 즉 치료실 내부와 외부를 자연스럽게 연결시킬 수 있는 접점이 바로 개방된 치료실 형태라고 볼 수 있는 거죠.

    또한 우리 아이들이 만나게 되는 모든 새로운 환경을 변화
시키는 데는 한계가 있을 수 있어요. 오히려 환경에 따라 적응
할 수 있도록 우리 아이들의 조절력을 키워 가는 것이 더욱 중
요하답니다. 수업이 이루어지는 동안 치료실 밖에서 들리는
소리나 보이는 것에 반응하지 않고, 치료실 내에서 선생님이
들려주고 보여 주는 것에 반응하고, 함께 상호작용하는 친구
의 말에 반응하는 힘을 길러 주는 것이 필요해요. 그룹 수업에
참여할 수 있는 수준이 된다면 이런 환경에서의 경험은 더더욱
필요한 것입니다.

아이의 문제 행동

어떻게 다루어야 할까요?

자녀를 양육하는 대부분의 부모가 한 번쯤, 아니 어쩌면 매일 하는 고민이 아닐까 싶어요. 우리 연구소를 방문하는 부모들도 (필자와의) 상담에서 많이 토로하는 내용이죠. 이런 문제 행동은 아이에 따라 혹은 유형에 따라 쉽게 사라지기도 하지만 지속적으로 나타나서 일상생활에서 많은 어려움을 야기할 수도 있어요.

이와 관련하여 아동 양육 전문가들 혹은 지침서들은 다양한 해결 방법을 제시해 왔어요. 대표적인 것으로, 부모에게 아이가 문제 행동을 나타내는 상황을 면밀하게 살피도록 해서 아이가 무엇을 원하는지, 무엇을 표현하고 싶은지 등을 찾아내고 그에 따라 반응을 해 주도록 하는 방법이 있어요. 물론 좋은 방법일 수 있어요. 그런데 혹자는 이런 방법을 사용함에도 불구하고 계속 문제 행동이 나타난다고 해요. 심지어 드물지만 아이가 계속해서 문제 행동을 해서 체벌을 가하는 경우도 있다고 하니…….

아이의 문제 행동을 없애거나 바람직한 행동을 형성하고자 할 때 가장 중요한 점은 부모가 일관되고 지속적으로 자극을 주고 반응을 해야 하는 것이에요. 아이가 무엇을 원하는지, 무엇을 표현하고 싶은지를 찾아내고 그에 따라 반응을 해 주었지만 문제 행동이 계속 나타난다고 호소하는 사례들은 그러한 반응을 일시적으로 해 주는 경우가 많은 것 같아요. 우리 아이들이 걷기 위해 얼마나 많이 넘어지는지, 그리고 넘어진 아이를 부모는 얼마나 많이 일으켜 세워 주는지를 생각해 보세요. 또 아이가 어설픈 발음으로 '엄마' '아빠'를 얼마나 말했는지, 그 말에 부모는 "그래! 엄마야. 엄마!"라고 얼마나 많이 피드백을 해 주었는지 생각해 보세요. 마찬가지로 우리는 아이에게서 문제 행동이 나타날 때마다 왜 이 행동을 하면 안 되는지 아이의 수준에 맞게 끊임없이 말해 줄 필요가 있어요.

그리고 아이에게서 문제 행동이 계속 나타나 어쩔 수 없이 체벌을 한다는 것은 절대 없었으면 해요. 체벌은 아이로 하여

금 자신의 행동이 무엇이 잘못되었는지를 생각하기보다 그 상황을 순간 모면하기 위한 거짓말이 는다든지 혹은 체벌을 한 사람에 관한 공포를 가지게 만들 수 있어요. 더 큰 문제는 체벌을 한 사람이 없는 상황에서 다시 문제 행동이 그대로 나타나게 되는 거죠. 시간이 걸리더라도 아이 스스로 행동을 조절하는 힘을 기를 수 있도록 도와주어야 해요. 가장 최선의 방법은 일관되고 지속적으로 자극을 주고 반응을 해 주어야 해요. 그러면 아이의 행동은 반드시 바뀔 수 있어요.

부모도 아이를 대하는 것이 처음인 것처럼
아이도 세상을 대하는 것이 처음이에요.

누군가 그러더라고요. 아이가 성장하는 것처럼 부모도 성장하는 거라고…….

주변에서 아직 어리다고 하고,
늦되는 경우도 있으니 기다려 보라는데…….

아이의 문제를 상담하러 연구소를 방문하는 거의 모든 분이 가장 많이 말씀하는 이야기인 것 같아요. 주위에서 "아휴 아직 어린데." "조금 더 기다려 봐."라는 반응부터 "아이 아빠도 말을 늦게 했대요." "엄마가 너무 예민한 것 같은데?"라고 말을 한다고 해요. 만약 그렇다면 언제까지 기다려야 하는 것일까요?

정확한 것은 아니지만 몇 년 전만 해도 아이가 대략 36개월 될 때까지는 기다려 보는 경향이 있었는데, 최근에는 30개월 이전이라도 관련 기관을 방문하여 검사를 받고 재활치료를 시작하는 경우도 많아요. 심지어 20개월 미만의 아이들도 받고 있어요. 이처럼 일찍 재활치료를 시작하는 이유는 여러 가지 요인이 함께 작용하기 때문인데, 그 요인들은 다음과 같아요.

- 아이의 문제가 발견되는 즉시 해결을 위한 중재가 이루어지는 것이 효율성 측면에서는 최선이에요. 아이의 문제를 계속 놔두는 것은 잘못된 행동이 강화가 되는 결과를 낳을 것이고, 실제로 습관처럼 굳어질 가능성이 높아요. 예를 들어, 아이의 손이 조금 찢어졌다면 병원에 가서 빨리 치료받으면 해결될 것인데, '기다리면 저절로 나을 것 같은데 혹시…….'라는 희망 섞인 걱정을 할 필요가 없다는 점이죠.
- 예전에 비해 아이의 공식적인 사회관계가 빨리 형성된다는 요인도 있는 것 같아요. 요즘 어린이집을 가거나 문화센터를 다니는 아이의 연령대가 점점 어려지고 있는 추세예요. 엄마와 아빠 둘 다 직장을 다니는 경우가 많고 어린 아이를 위한 체계적인 프로그램을 제공하는 곳이 많아지면서, 이런 프로그램에 참여시키지 않으면 내 아이만 뒤처지는 것은 아닌지를 걱정하게 돼요. 이런 환경으로 인해 자연스럽게 일찍 사회성이 형성되는 것이죠.

- 부모가 망설이는 시간 동안 실제로 스트레스를 받고 어려움을 겪고 있는 대상은 아이예요. 보통 아이가 어려움을 계속 겪게 되면 주위로부터 부정적 반응들이 많아지게 될 것이고, 그로 인해 심리·정서적인 문제가 나타날 수 있어요. 예를 들어, 발음이 좋지 않아 상담을 의뢰한 4세 아이가 상담자와 시선접촉(eye contact)이 되지 않고, 질문에 아주 작은 목소리로 엄마에게 대답하는 걸 보면서 아이가 자신감이 많이 떨어져 있음을 보았어요. 보통 조음 발달이 5~6세에 완성이 된다고 하니 이 아이를 위한 중재를 시작하지 않고 기다려도 된다고 생각하면 안 돼요. 기다린다면 잘못된 발음 형태가 습관처럼 될 것이고, 이로 인해 아이는 또래 및 환경에서 계속해서 거부당할 가능성이 높아요.

우리 사회의 특성상 아이의 양육에 관해 아빠는 보조 역할을 하는 경우가 많아요. 아이와 함께 보내는 시간이 엄마에 비해 짧은 경우가 많아 아이가 겪고 있는 어려움을 구체적으로 접할 기회가 부족해요. 때문에 아이의 문제로 어린이집 혹은 유치원을 방문하여 상담하는 것도 엄마의 몫이고, 놀이터에서 아이가 또래와 놀이를 함께할 때 참여하는 사람도 주로 엄마예요.

결론적으로, 주변 환경의 조언을 고려하는 것은 필요하지만, 주변 환경이 아이의 치료를 결정하는 것은 바람직하지 않은 것 같아요. 아이의 재활치료 여부는 보호자(주로 부모)가 결정하는 것이 최선인 듯해요.

대체 어느 분의 말이
맞는 거죠?

　부모는 아이가 겪고 있는 문제를 알아보기 위해 그리고 문제를 해결하기 위해 병원, 아동발달센터 등 여러 전문 기관을 방문하죠. 전문 기관에서는 아이를 평가하고 진단을 내리고 어떤 방향으로 재활치료를 할 것인가 등에 관해 설명해요. 우리 연구소도 이런 과정을 충실히 수행하기 위해 노력하고 있어요.

　때론 상담을 받으러 오시는 부모들이 "여기서는 이렇게 얘기하고 다른 기관에서는 다르게 얘기하는데, 대체 어떤 말이 맞는 거죠?"라고 문의하곤 해요. 기관 혹은 전문가에 따라 아이의 문제를 일으키는 원인을 다르게 볼 수 있고, 평가 결과도 다를 수 있고, 혹은 결과를 해석하고 앞으로의 재활치료 방향을 제시하는 것에 관해서도 의견이 다를 수 있어요. 그러니 부모는 다양한 의견이라는 생각보다 '왜 말이 다를까?, 누구 말이 맞는 걸까?'라고 생각할 수밖에 없어요.

누구나 부모 입장이 되면 그렇게 생각할 수 있어요. 부모는 여러 기관을 통해 아이의 현재 상태, 평가 결과, 치료 방향 등에 관해 일관된 정보를 얻게 되면, 확신을 가지게 되고 앞으로 어떻게 해야 될 것인가에 관해서도 전체적인 그림을 그릴 수 있어요. 반대로 일치되지 않는 정보를 얻게 되면 무엇부터 해야 할지 몰라 혼란스러운 상태가 돼요. 혼란스러운 상태에서 나름 정리하여 어떤 결정을 내리더라도 결정과 다른 의견이 머릿속에 계속 남아 있을 수 있어요. 특히 내린 결정이 아이의 문제를 해결하는 데 도움이 되는 것이 확연히 느껴지지 않을 경우 '이게 아닌가? 그때 그 선생님의 말이 맞는 것 아니야?'라는 의구심은 더욱 커질 거예요.

필자가 부모 입장이라도 그럴 것 같아요. 그런데 부모는 아이의 문제에 관해 전문가의 견해를 옳고 그름의 이분법적인 판단을 하는 것보다 (부모가) 판단을 내릴 때 고려해야 하는 하나의 정보로 보는 관점을 가지면 좋을 것 같아요. 다시 말해, 아이의 문제를 해결하기 위한 노력으로 전문가들의 의견만으로 충분치 않을 수 있다는 말이죠. 부모는 전문가의 의견뿐만 아니라 다양한 경로를 통해 정보를 얻으면서 아이의 문제를 알아갈 필요가 있어요. 예를 들어, 어떤 사람이 건강에 문제가 생기면 의사 처방에 따른 의학적인 치료도 받아야 하지만 건강을 회복하기 위해 본인(가족 포함) 스스로 병원 선택에서부터 식생활 개선, 운동을 포함한 생활 패턴 전반적 변화 등을 주도적으로 결정할 필요가 있어요.

아마 처음에는 아이의 문제를 해결하기 위해 어떻게 해야 할지 부모 스스로 어렵고 막막할 수 있어요. 아이의 어려움을 알아 가기 위해 한 걸음씩 내디딜수록 더욱 복잡해질 수도 있어요. 부모가 아이에 관해 알아 가면서 경험 많은 관련 전문가와 함께 고민하고 의견을 나누면 조금씩 그 실타래를 풀 수 있어요. 필자의 경험상 가능하더라고요.

> 부모가 아이에 관해 알면 알수록 우리 아이가 세상에 잘 적응하는 방법도 조금씩 알게 될 거예요.

아이의 휴대폰 사용을
어떻게 줄여야 할까요?

연구소에서 최근 상담한 사례들을 살펴보면 상담과정에서 아이의 휴대폰 사용에 관한 호소가 다수 포함되어 있어요. 그만큼 부모들에게 아이들의 휴대폰 사용이 현실적으로 부딪히는 문제예요. 실제로 언어발달에서 어린아이가 휴대폰에 장시간 노출되는 환경은 표현언어의 지연을 초래하는 경향이 있어요. 휴대폰으로 게임을 장시간 한다든가 사용해서는 안 되는 시간과 장소에서 사용하는 등의 문제가 대부분이에요. 사실이 문제는 일상생활에서 어떤 가정에서도 겪을 수 있는 문제일겁니다. 심지어 어른들도 마찬가지예요. 휴대폰이 손에 없으면 왠지 모르게 불안하고 허전함을 느낀다고 해요.

그렇다고 해서 아이가 휴대폰을 무분별하게 장시간 사용하는 것을 "요즘 아이들이 그렇죠. 뭐!"라는 식의 일반적인 현상이니 기다리라는 조언은 설득력이 떨어질 것 같아요. 부모는 막연히 기다리지 말고 아이가 휴대폰 사용을 줄이고 바르게 사용하도록 적극 개입을 할 필요가 있어요. 아이가 휴대폰을 바르게 사용하는 것에 관한 개념을 잡고, 사용을 조절할 수 있는 힘을 점진적으로 길러 주는 것을 목표로 하면 좋을 것 같아요. 이를 위해서 다음과 같은 기본적인 조언을 해 드려요.

• 아이의 휴대폰 하루 사용 패턴을 면밀하게 살펴보세요. 아이에게 명령적인 어조로 휴대폰 사용 시간을 줄인다는 식의 통보는 반감만 키우는 결과를 가져올 수 있어요. 단순히 휴대폰 사용 시간이 많으니 줄여야겠다는 식의 말보다 먼저 아이의 사용 패턴을 확인한 다음 조절이 가능한 부분부터 찾아보고 대안적인 방법도 함께 찾을 필요가 있어요. 아이들의 휴대폰 사용 이유를 보면 휴대폰을 통한 게임, 인터넷 검색 등이 재미가 있어서라기보다 무료한 시간을 때울 목적으로 하는 경우가 많다고 해요. 그러니 아이가 무료한 시간에 무엇을 하면 좋을까를 부모님이 독단적으로 결정하지 말고 아이와 함께 고민하고

찾는 과정이 필요할 것 같아요. 이런 과정에서 아이도 엄마, 아빠의 생각을 조금씩이나마 받아들일 수 있어요.

- 더불어 부모님의 휴대폰 하루 사용 패턴도 한 번 점검해 볼 필요가 있을 것 같아요. 엄마, 아빠도 휴대폰을 사용하면서 아이에게 하지 말라고 하는 건 바람직하지 않겠죠. 연구소에서 아이에게 가족 활동을 한번 그려 보라는 요구에 휴일에 집에서 휴대폰을 하고 있는 엄마, 아빠를 그리거나 설명하는 사례가 많아요. 이런 부분은 부모님들에게 시사하는 바가 있을 것 같아요.

- 아이가 휴대폰을 하지 않고도 즐거움을 느낄 수 있는 방법을 함께 찾아보세요. 무조건적으로 아이에게 하지 말라는 말보다 즐거움을 느낄 수 있는 대안을 구체적으로 제시해 주는 것도 좋아요. 예를 들어, 아이가 배우고 싶어 하는 활동을 엄마와 함께 배우거나 초등학생이라면 '한 달 프로젝트'라는 이름으로 아이와 함께 어떤 계획을 세우고 실행해 가고 그 결과에 따라 보상을 해 주는 것도 하나의 방법이겠죠. 우리 아이가 무엇을 좋아하는지는 부모가 제일 잘 알죠. 만약 무엇을 좋아하는지 모른다면 이번 기회에 아이에 관해 더욱 많이 알아 갈 기회로 삼으면 돼요.

- 일상에서 작은 부분부터 바꾸어 보세요. 예를 들어, 우리 연구소에서는 아이의 수업이 끝나기 5분 전 부모가 휴대폰 사용을 중지하고 기다리는 모습을 아이에게 보여 주도록 하고 있어요. 유치원 혹은 학교를 마치고 집으로 돌아오는 아이를 엄마가 웃는 얼굴로 맞이하는 것도 좋아요. 이러한 작은 부분의 변화가 아이에게는 휴대폰 사용을 줄이도록 만드는 좋은 모델이 될 수 있어요.

이 외에도 많은 방법이 있어요. 인터넷에 '스마트폰 중독'이라고 검색해 보면 스마트폰 중독 문제점, 자가진단, 예방법, 해결방법 등 다양한 정보들이 나와 있어요. 이런 정보들도 참고하면 좋을 것 같아요. 무엇보다 정보들 가운데 어떤 방법이 우리 아이에게 효과적인지 고민해 볼 필요가 있어요. 단기간에 이 문제가 해결되면 좋겠지만, 아이가 스스로 조절해 나가는 힘을 기를 수 있도록 만들어 가는 것이 가장 중요해요.

길게, 여유 있게, 멀리 보세요. (힘드시겠지만!)

수업시간에 보호자와의 분리가
왜 중요하죠?

    우리 연구소는 아이들이 겪고 있는 어려움을 해결하는 데 도움이 되도록 다양한 형태의 재활 서비스를 제공해 오고 있어요. 그런데 처음부터 보호자(대부분 엄마)와의 분리가 쉽게 이루어지는 아이들도 있지만 분리가 쉽지 않은 아이들도 있어요. 분리가 되지 않는 사례는 보호자와의 분리 자체가 첫 번째 수업 목표가 되기도 합니다. 분리가 어려운 정도(severity)는 한두 회기 수업으로 분리가 가능해지는 사례부터 수 회기의 수업에 걸쳐 분리가 점진적으로 되어 가는 사례까지 다양해요. 가끔 분리 자체가 되지 않아 수업을 포기하는 사례도 있긴 있어요.

이처럼 보호자와 아이를 분리해야 하는 이유는 환경과 상호작용하는 주체가 아이가 되도록 하기 위해서죠. 아이가 보호자와 떨어지지 않는 주된 이유는 낯선 환경에서 소통하는 것이 어렵거나 힘들기 때문에 가장 친숙한 보호자가 필요한 것이에요. 그러니 보호자와 떨어지려고 하지 않겠죠. 아이는 수업시간에 낯선 선생님의 자극에 반응을 하지 않고 함께 들어간 보호자에게 계속해서 반응하려고 하지요. 보호자와의 분리에 어려움을 겪는 아이는 어린이집, 유치원 등의 환경에 적응하는 것도 어려울 수 있어요.

그렇다면 아이가 낯선 환경과 소통하는 것이 어려운 이유는 무엇일까요? 아이에 따라 다양할 수 있는데요. 가장 일반적인 요인은 아이가 자신이 전달하고자 하는 바를 말과 언어로 상대에게 전달하는 데 어려움이 있기 때문일 겁니다. 다시 말해 아이의 연령에 맞는 언어발달이 이루어지지 않았기 때문에 자신만의 방식으로 의도를 전달하게 되고, 그 방식을 알고 있는 보호자는 쉽게 반응을 해 주게 되는 거죠. 반면, 아이는 낯선 상황에서 그 방식을 사용하지만 의도가 전달되지 않거나 거부당하게 되면 보호자를 찾게 돼요. 결국 보호자가 없으면 불안하고 위축될 수밖에 없어 차라리 혼자 놀이를 하는 것이 낫다고 생각해요.

한편, 수업시간에 모자 분리를 할 때 중요한 것은 함께 입실하여 수업이 시작되면 보호자는 아이에게 반응을 하면 안 된다는 점이에요. 필자는 보호자에게 "어머니. 수업시간에 어떠한 말과 행동을 하지 말아 주세요."라는 말씀을 드려요. 더불어 보호자가 휴대폰을 사용도 하지 않게 해요. 아이가 매달려도 "저리 가! 선생님한테 가."라는 말씀도 해서는 안 돼요. 이렇게 하는 이유는 아이에게 보호자 이외의 사람과 소통을 해도 자신에게 좋은 일, 재미있는 일이 일어난다는 생각을 가지게 하는 것이에요. 이런 생각을 가져야만 보호자와 분리가 될 뿐만 아니라 타인과 소통을 하려는 행동이 나타나요.

모자 분리 과정에서, 처음에는 아이가 거부를 하는 경우가 많아요. 울고 떼쓰고 밖으로 나가려고 해요. 수업시간 동안 반응을 하지 않는 엄마에게 매달려 계속 울기도 하고 심지어 치료실에 들어가지 않으려고 해요. 이런 아이의 거부 행동을 보면서 "아이가 스트레스를 많이 받는 것 같은데 계속 수업을 받아야 할까요?"라고 물어보시기도 해요. 거부 행동이 너무 심한 경우, 분리 과정을 더욱 세밀하게 나누고 천천히 진행하는 유연성을 가질 필요가 있어요. 아이의 특성과 보호자의 반응 패턴을 더욱 잘 파악해서 접근해야 해요.

주에 몇 회 수업을 받는 것이
좋을까요?

정답은 없어요!

연구소에서 아이의 문제를 상담받은 뒤 수업을 받고자 하는 부모들은 대부분 "일주일에 몇 번 수업을 받아야 하나요?"라는 질문을 해요. 물론 상담 중간에 수업 회기 수와 관련하여 자연스럽게 이야기가 나오기도 하죠. 필자도 가끔 "매일 오시면 제일 좋아요." "자주 오면 올수록 아이의 문제가 빨리 좋아질 수 있어요."라는 원론적인 답변을 드리기도 해요.

수업 회기 수는 딱히 정해져 있지는 않아요. 흔히 '주 2회 혹은 3회' 이런 식으로 많이 알려져 있기는 해요. 그런데 수업 회기 수는 한 가지 요인이 아닌 여러 가지 요인에 따라 결정돼요. 필자는 상담과정에서 보호자들에게 회기 수에 영향을 미칠 수 있는 요인들을 설명해 드리는데, 다음에 간략하게 설명해 두었으니 참고하세요.

- 아이가 겪고 있는 문제의 본질(예: 언어문제, 심리문제, 과잉행동 등), 문제 자체의 심한 정도(severity) 그리고 동반되어 있는 다른 문제 유무 등에 따라.

  기본적으로 문제의 본질에 따라, 다시 말해 아이가 언어문제를 겪고 있느냐 심리문제를 겪고 있느냐에 따라서도 주별 수업 회기 수가 달라지기도 해요. 그리고 아이가 겪고 있는 문제의 심한 정도, 여기서 심한 정도는 '문제 자체가 경증이냐 중증이냐?'로 볼 수도 있고 '동반되는 다른 문제가 없으면 경증, 다른 문제가 있으면 중증'으로 볼 수도 있어요. 일반적으로 경증이라면 수업 회기 수를 줄이고 중증은 늘리는 경향이 있어요. 물론 아이의 문제가 경증이더라도 회기 수를 늘려 빨리 효과를 보려는 사례도 있어요.

- 아이의 연령 그리고 일정(예: 어린이집 등원 여부)에 따라.

  아이가 어려서 일정이 없는 사례는 수업 회기 수를 늘리는 경향이 있어요. 아이의 일정이 많으면 수업시간을 정하는 것부터 어려울 수 있기 때문이죠.

- 아이를 데리고 기관을 방문하는 사람이 부모 혹은 조부모(혹은 돌봄 선생님)인가에 따라.

누가 아이와 함께 수업을 받으러 오는지도 중요한 요인이에요. 맞벌이 가정의 증가로 인해 조부모(혹은 돌봄 선생님과)와 함께 연구소를 방문하는 사례도 많아요. 조부모가 아이를 데리고 오는 경우 기관을 방문하기 위한 준비, 이동 그리고 수업 후 귀가 과정이 힘들다고 호소하는 사례가 많아요. 아이가 수업을 받기 싫다고 떼를 쓰면 기관을 방문하는 것 자체부터 어려울 수 있어요. 이런 경우 수업 회기 수를 늘리는 것은 무리일 거예요.

- 비용적 측면과 가정의 경제적 상황에 따라.

수업 회기 수를 결정하는 데 있어 가장 단순하고 빨리 생각나는 요인일 거예요. 그리고 가장 크게 영향을 미치는 요인일 수 있어요. 우리 아이들이 겪고 있는 어려움 대부분이 2~3개월의 짧은 기간 내에 해결되지 않는 경우가 많아요. 부모님 입장에서는 기간이 짧을 경우 주별 회기를 많이 늘릴 수 있지만 기간이 길어진다면 회기를 늘리는 것이 부담스러울 수 있어요.

- 집에서부터 기관까지의 거리에 따라.

  최근 병원, 아동발달기관 등이 늘어남에 따라 기관을 결정할 수 있는 선택권이 많아졌어요. 우리 연구소도 다양한 지역에서 아이들이 수업을 받으러 와요. 그런데 기관과의 거리가 먼 경우 상담과정에서 일정을 결정하기 전에 한 번 더 고려하도록 상기시켜 드려요. 왜냐하면 앞서 언급한 바와 같이 아이와 함께 지속적으로 기관을 방문하는 것이 쉽지 않을 수 있기 때문이죠.

- 엄마 혹은 아빠가 수업을 하는 것에 관한 거부감 있느냐에 따라.

  이 요인은 수업 회기 수를 결정하는 데 영향을 미치기도 하지만 본질적으로 수업 자체를 받을 것인가에 더욱 영향을 미치는 것 같아요. 실제로 아이가 겪는 어려움을 아빠가 인식하지 못한 상태로 엄마의 의지만으로 수업을 시작해서 2~3개월 이내로 수업을 중지하는 사례가 종종 있어요. 수업을 시작하기 전 충분한 논의를 거쳐 그 필요성을 인식하고 (아이를 위해 부모로서) 해 줄 수 있는 부분을 받아들이는 것이 매우 중요해요.

- 수업 경험이 있느냐에 따라.

  이전에 수업을 받은 적이 있느냐에 따라서도 회기 수를 결정하는 데 영향을 미치기도 해요. 특히 수업을 받은 경험이 많은 부모는 전문가의 조언보다 자신들이 결정을 하는 경향이 있어요. 이는 아이에게 수업이 어떤 영향을 미치는지를 경험한 결과일 거예요.

　부모는 이와 같은 측면을 고려하여 전문가와 상의한 후에 수업 회기 수를 결정하는 것이 가장 이상적이면서도 현실적일 거예요. 빨리 문제를 해결하는 것이 중요하니 매일 수업을 받기를 원하는 부모들도 있고요. 아이가 선생님과 새로운 환경에 적응을 하는 시간도 필요하니 점진적으로 회기 수를 늘리기를 원하는 부모들도 있어요. 어떤 것이 '맞다/틀리다'로 생각하지 말고 아이 그리고 가정의 환경을 고려하여 최선의 회기 수를 생각해 본다면 좋을 것 같아요.

　전문가 입장에서는 가능하다면 매일 수업을 받으러 오도록 권유를 해요. 매일이란 말은 아이에게 일관되고, 규칙적으로 그리고 지속적으로 자극을 주고자 하는 바람이에요. B. F. Skinner로 대표되는 행동주의 심리학자들은 '인간의 모든 행동은 보상 혹은 강화에 의해 형성될 수 있다.'고 제안하면서 환경의 중요성을 강조했어요. 결국 아이의 어려움을 해결하기 위해서는 환경에 해당하는 전문가의 자극 그리고 부모의 자극이 핵심이라는 말이지요.

아이를 가장 잘 알고 있는 건 바로
엄마인 '나' 아닐까요?

상담을 하다 보면 부모가 바라보는 아이의 수준과 전문가가 바라보는 수준이 다른 경우가 있어요. 예를 들어, 가정에서

이 정도의 언어 표현(예: 두 낱말 연결)은 사용하고 있다는 부모의 보고와 달리 평가하는 검사 과정에서는 그 표현이 나타나지 않는 경우가 있어요. 이렇게 되면 부모 입장에서는 아이의 능력이 과소평가되는 것은 아닌지 염려가 되겠죠. 반대로 평가하는 입장에서는 부모가 (아이의 능력을) 과대평가하는 것은 아닌지 의구심이 생길 수 있어요.

누구 말이 맞고, 맞지 않고의 문제가 아니라 부모가 보고한 것처럼 아이가 가정에서 사용하는 표현이 다른 환경에서는 나타나지 않을 수 있어요. 이러한 현상은 어느 한쪽(부모 혹은 전문가)이 잘못 판단한 것일 수도 있지만, 소위 '일반화(전이)'가 이루어지지 않은 결과일 수도 있어요. 다시 말해, 엄마, 아빠, 할머니 등 아이가 친숙한 사람에게는 스스럼없이 표현할 수 있지만 친숙하지 않은 사람에게는 표현하지 않을 수 있어요. 또래 아이들에게도 사용하지 않을 수 있죠.

글의 제목처럼 아이를 가장 잘 파악하고 있는 사람은 보통 엄마지만, 가끔은 엄마이기에 객관성 있고 타당성 있게 바라보고 있는지 살펴볼 필요가 있어요. 상담과정에서 "엄마이기에 (아이에 관해) 제가 파악하지 못하거나 잘못 보고 있는 부분이 있는 것 같아요."라고 언급하는 분들도 있지만, 그렇지 않은 분들도 있어요. 그렇지 않은 분들은 아이를 객관적으로 파악하려는 노력을 해야 해요.

　놀이터, 어린이집에서 (엄마가 개입하지 않은 상태에서) 또래 아이들과 어떻게 상호작용 하는지 주기적으로 관찰할 필요가 있어요. 어린이집, 유치원 선생님과 같은 아동 관련 전문가와 수시로 정보를 교환하다 보면 아이를 객관적으로 보는 힘이 길러질 수 있을 거예요. 아이가 잘하는 면, 긍정적인 면이 부모 눈에 먼저 들어오는 것은 당연한 것이에요. 다만 균형 잡히고 객관적인 시각으로 아이를 바라보는 노력도 꾸준히 할 필요가 있어요.

어느 정도 (수업을) 받으면
(혹은 언제쯤) 좋아질까?

    지금까지 연구소를 운영하면서 상담과정에서 만난 99%의 부모가 질문한 내용이에요. 어쩌면 부모는 이 질문에 관한 대답을 듣기 위해 40~50분 상담을 할 거예요. 필자도 시원하고 명쾌하게 대답해 드리고 싶지만, 이 일을 하면 할수록 대답하기 더욱 조심스러워져요. 부모들도 질문하면서 "답이 없을 거라는 것을 알면서도 물어보네요." 혹은 "저처럼 질문하는 사람들 많죠?"라고 말씀하세요.

    이 질문에 관한 대답이 어려운 이유는 아이의 문제를 해결하는 데 다양한 요인이 영향을 미치기 때문이에요. 아이가 겪고 있는 문제의 본질(예: 단순 언어 결함, 발달장애 등), 수업 형태, 수업 회기 수 등도 그중 하나죠. 또 다른 중요한 요인으로 가정환경이 있어요. 수업을 받기 시작한 후 가정에서 부모와 아이가 상호작용하는 시간, 규칙성, 지속성 등도 중요해요. 또한 아이가 어린이집 혹은 유치원을 다니고 있다면 이런 환경의 협조도 중요해요. 결국 아이마다 요인들이 다르기 때문에 "언제쯤 좋아질까요?"라는 질문에 명확한 대답을 할 수 없어요.

단순하게 생각하면 수업을 받으면 아이의 문제가 빨리 해결될 것이라고 생각할 수 있어요. 물론 그런 사례도 많아요. 그런데 아이의 상호작용 패턴, 생활 패턴의 변화가 기본적으로 필요할 뿐만 아니라 가정환경도 변화가 있어야 해요. 가정환경에서 변화가 늦어지거나, 변화되지 않으면 전반적인 개선도 늦어질 가능성이 높아요.

이렇듯 아이 그리고 아이를 둘러싼 환경, 수업 회기 수 등이 아이마다 다를 수 있기 때문에 "아이가 언제쯤 좋아질까요?"라는 질문에는 "아이마다 다를 수 있어요."라는 대답이 최선일 수밖에 없어요. 우리 주변에서 이런 말 많이 들어 보셨죠? 우리 아이랑 옆집 아이가 학원을 함께 등록해서 다니고 있는데 옆집 아이는 성적이 올랐다고 하는데 우리 아이는 성적이 오르지 않는다는 얘기 많이 들어 보셨죠?

첫째 아이가 너무 빨라서,
둘째도 빠를 줄 알았죠!

아이가 발달이 느린 것인지 상담을 받으러 오는 사례 중, 첫째 아이는 발달이 너무 빨랐다고 말씀하시는 부모들이 있어요. "첫째 아이에게 특별히 해 준 것이 없이 키웠는데, 걷는 것도 말하는 것도 빨랐어요. 당연히 둘째 아이도 첫째 아이와 같을 거라고 생각했어요. 어떤 문제가 있을 거라고는 상상도 못 했어요."라고 말씀하세요.

이런 사례에서, 아이가 겪고 있는 문제가 지적장애, 자폐성장애, 주의력결핍 과잉행동장애 등과 같은 장애로 인한 것이 아니라는 점이 분명하다면, 아이의 개인적 특성으로 인해 발생된 것이라고 추정해요. 이렇게 추정하는 이유는 앞서 말한 명확한 장애도 없고, 부모가 보고한 내용을 고려했을 때 가정이라는 환경은 두 아이에게 동일하다고 볼 수 있기 때문이죠. 결국 아이가 겪고 있는 문제는 아이의 개인적 특성과 관련이 있을 수 있어요.

아이의 개인적 특성을 한마디로 정의하는 것은 어렵지만 성격, 성향, 타고난 기질 등으로 말할 수 있어요. 물론 이런 것들이 형제자매 간에 비슷할 수도 있지만 다를 수도 있죠. 다르다면, 동일한 자극을 주더라도 반응하는 양상이 다를 거예요. 상담을 하는 어머니께 자매가 있는지, 있다면 성격이 같은지 다른지 여쭤보면 상당수의 어머니가 성격이 반대 혹은 다르다고 말씀하세요. 아이도 마찬가지입니다.

부모는 이 아이가 다른 형제자매와 다르다는 것을 받아들이고 무엇이 다른지를 파악할 필요가 있어요. 무엇이 다른지를 파악한다는 것은 아이의 성격 등의 장점과 단점을 찾아내고, 특히 단점으로 인해 환경(자극)에 반응하는 패턴을 면밀히 살펴보고 그 단점을 보완해 줄 수 있는 방법을 찾아야 한다는 의미예요. 그리고 부모는 성격, 성향, 기질 등과 관련된 측면이 짧은 시간 내에 바뀌지는 않는다는 점을 기억하면 좋을 것 같아요. 특히 예민한 기질의 아이는 더더욱 체계적으로 일관성 있게, 지속적인 자극을 통해 민감성을 둔감화시킬 필요가 있어요.

일반학교로 보내야 할까요?
특수학교로 보내야 할까요?

"원장님, 우리 아이를 일반학교에 보낼 수 있을까요?"

초등학교 진학을 앞둔 아이의 부모들이 필자와 상담하는 과정에서 공통적으로 하는 질문이에요. 아이가 초등학교에 입학하기 훨씬 전부터 일반학교에 보내는 것이 좋을지 특수학교에 보내는 것이 좋을지 고민한다고 해요. 과연 정답은 무엇일까요? 필자가 내린 정답부터 말하면 어떤 선택이 아이에게 최선의 선택인지를 판단해야 하는데, 각 선택마다의 득실을 따져 아이에게 가장 도움이 되는 쪽으로 결정을 해야 돼요. 그런 판단을 하기 위해서 몇 가지 사항을 종합적으로 고려할 필요가 있어요.

　먼저, 현시점에서 아이가 겪고 있는 문제의 본질 및 심한 정도(severity)를 생각해 볼 필요가 있어요. 일단, 문제 자체가 심하면 일반학교에 적응할 가능성이 낮은 건 분명해 보여요. 오히려 문제의 심한 정도가 경미하거나 경계선에 위치한다면 일반학교로 진학하는 것이 하나의 선택지가 될 수 있어요. 다음으로, 아이가 일반학교 그리고 특수학교에 진학하게 될 때 일어날 수 있는 일들을 비교해 볼 필요가 있어요. 보통 아이를 일반학교에 보낼 때 기대되는 장점은 보통의 또래 아이들과의 어울림을 통해 사회성 등이 향상될 수 있는 반면, 단점은 그 또래들로부터 따돌림, 놀림 등의 대상이 될 수도 있다는 것이지요.

　한편, 전문가 입장에서 부모에게 조언을 하기 전에 고려해야 할 사항이 있어요. 바로 부모가 아이의 교육과 관련하여 가지고 있는 가치 혹은 철학이 어떤 것인가를 살펴봐야 해요. 부모의 철학이 확고하다면 단점이 상대적으로 많더라도 전문가의 판단과는 다른 판단을 내리는 사례도 많이 있어요.

　결론적으로, 부모는 아이가 겪고 있는 문제의 본질 및 심한 정도, 선택에 따른 장·단점, 교육 관련 자신의 철학 그리고 전문가의 의견을 전체적으로 종합하여 생각해 보면 좋을 것 같아요. 전문가는 부모가 특정 선택을 했을 때 예상되는 장점과 단점을 안내해 주는 것이 필요해요. 이때 부모의 판단을 '맞다/틀리다'로 접근하기보다 '최선'이라는 측면에서 안내해 줄 필요가 있어요. 부모는 자신이 내린 판단을 지지해 주길 바라는 마음도 있을 수 있어요.

한 가지 더 언급하고 싶은 점은 일반학교 혹은 특수학교로 갈 것인가에 관한 상담을 하다 보면 거의 빠지지 않고 등장하는 것이 바로 대안학교예요. 대안학교가 나타나기 시작할 때만 하더라도 정보가 많이 부족했지만 최근에는 관련 정보들이 많아요. 대안학교도 일반 혹은 특수 학교처럼 그 학교만의 교육 목표 및 프로그램, 특성, 진학 시 장·단점 등을 꼼꼼하게 체크해 볼 필요가 있고요. 그런 측면들이 아이에게 최선의 선택인지를 생각해 보면 될 것 같아요.

부모가 아이에게 화를 내는 것이
잘못된 건가요?

대부분의 부모는 이 문구를 보면 "아이가 잘못된 행동을 하도록 내버려 두라는 말씀인가요?" 혹은 "아이의 훈육을 어떻게 하라는 건지 모르겠어요!"라고 반응해요. 막상 부모 입장에서는 여러 차례 주의를 주었는데도 불구하고 또 다시 잘못된 행동을 하면 화가 나서 그 순간 감정 조절이 잘 안 되는 것이 사실이죠. 아이에게 버럭 화를 내는 분들도 계시고요. 아주 드물지만(절대 그러면 안 되지만) 체벌을 하는 분들도 계세요.

실제로 필자도 부모이기 때문에 다른 부모들의 의견에 공감이 되는 부분도 있어요. 그렇다면 아이가 잘못된 행동을 했을 때 부모에게 왜 화를 내지 말라고 하는 걸까요? 그 이유는 부모가 화를 내는 것이 아이의 행동 교정에 도움이 되지 않고, 오히려 다른 부작용이 나타날 수 있기 때문이에요. 부모가 화를 내거나 소리를 지르면 그 순간 아이의 행동을 멈출 수는 있을 거예요. 그러나 아이는 그 순간 자신이 무엇을 잘못 했는지 자신의 행동에 대해 생각해 보는 것이 아니라 부모의 눈치를 보거나 상황을 모면하려고 해요. 이러한 상황이 반복되면 아이는 쉽게 위축되고 불안감만 높아지게 돼요. 그리고 부모가 없는 상황에서는 그 행동을 계속하게 돼요.

그렇다면 어떻게 하면 해결할 수 있을까요? 아이가 잘못된 행동을 했을 때 부모는 그 행동이 왜 잘못된 것이고, 그 행동이 어떤 결과를 가져오게 되는지를 단호하고 일관되게 설명하는 것이 좋아요. 이렇게 말씀드리면 많은 부모가 이미 알고 있다고 하세요. 실제로 그렇게 해 봤지만 잘되지 않는다고 하세요. 왜 이 방법이 잘되지 않을까요? 필자의 경험으로는 아이의 행동에 관한 부모 자극의 일관성과 지속성이 잘 지켜지지 않는 것 같아요. 잘못된 행동에 관해 어떨 때에는 부모가 단호하게 지적을 하지만 다른 상황에서 단호함이 줄어든다면 아이는 자신의 행동에 관한 성찰이 줄어들 수 있겠죠. 아이의 모든 행동은 일관되고 지속적인 자극에 결국 반응하게 되어 있어요. 아이의 행동을 바꾸기 위해서는 부모의 인내심이 필요해요.

더불어, 아이의 문제 행동에 관해 아빠와 엄마가 한목소리를 내는 것이 중요해요. 아이의 행동에 관해 엄마가 혼내는 역할을 하면 아빠는 안아 주는 역할을 하는 것이 좋다는 말도 있어요. 이 말도 틀린 말은 아니에요. 다만 앞에서 말한 바와 같이, 동일한 상황에서 엄마와 아빠의 말이 다르면 아이는 자신의 행동을 돌아보지 않고 엄마(혹은 아빠)에 관한 무서움만 커질 수 있어요. 그러면 결국 아이의 생각에 엄마는 무서운 사람, 아빠는 자상한 사람으로 각인되고, 행동은 고쳐지지 않게 돼요.

> 신께서 인간이 자녀를 낳아서 기르도록 한 이유는 세상에 네 뜻대로 안 되는 일도 있다는 것을 보여 주기 위함이라고 해요.

(장애) 진단을 받고 난 후에 재활치료를
시작하는 것이 좋지 않을까요?

연구소에서 부모와 상담을 하다 보면 아이가 겪고 있는 문제의 실체가 무엇인지를 알고 나서 재활치료(예: 언어재활, 심리재활 등)를 시작하는 사례들이 많아요. 당연한 얘기죠. 그런데 가끔 그렇지 않은 사례도 있어요. 그런 사례들은 문제의 실체를 명확히 하기 어려운 경우이거나 연령이 어린 경우예요.

예를 들어, 14개월된 아이가 부모의 호명에 반응이 없고 눈맞춤도 되지 않으며 얼굴 표정(예: 웃음)에 변화가 없는 경우가 있어요(물론 이것 말고 다른 특성들이 있을 수 있지만 지면 관계상 생략해요). 이런 아이에 관해 관련 전문가의 반응은 일단 아이를 대상으로 문제를 파악할 수 있는 검사 자체가 거의 없고, 어떤 진단을 내리기에도 너무 어리다고 할 거예요.

그런데 의학적으로 특별한 문제가 없더라도 기능의 발달(예: 언어, 정서 등)에 문제가 없다고 확언할 수는 없어요. 오히려 앞서 언급된 내용을 토대로 추측해 본다면 언어발달이 지연될 가능성이 매우 높아 보여요. 필자는 당연히 부모에게 재활치료(예: 언어재활)를 시작하도록 권고할 거예요. 물론 부모 입장에서 문제의 실체가 명확하게 무엇인지 확인하고 싶을 거예요. 그래야 재활 치료를 받아야 될지를 결정할 수 있다고 생각할 거예요.

아이의 발달에 관심이 있는 부모라면 발달이 느린 것 같다거나 다른 아이와 다르다는 것을 느낄 수 있을 거예요. 일부 부모는 아이를 키워 본 경험이 없어서 발달이 느린지 빠른지 잘 모르겠다고 하세요. 그럴 수도 있어요. 그러나 부모는 아이의 발달을 지속적으로 관찰하셔야 해요. 문제의 실체를 확인하는 것도 중요하지만 문제를 완화시키고 발달을 촉진할 수 있는 환경에 아이가 노출될 수 있도록 만들어 주는 것이 중요해요. 부모가 이를 받아들이는 것 또한 일반 아이의 전반적 발달과정을 이해하고 아이의 현재 발달 수준을 알고 있어야만 가능한 일이에요.

경력이 많은 선생님으로
배정해 주세요!

제목만 보면 재활치료를 받고자 하는 모든 분이 하고 싶은 말일 겁니다. 언어재활이든 감각통합치료든 해당 분야에서 경력이 많은, 소위 베테랑을 찾는 것은 당연한 일이겠지요. 병원에서 진료를 받을 때도 연륜이 많아 보이는 의사에게 왠지 모를 신뢰(?)를 느끼는 것이 저만은 아니겠지요?

필자가 여러 차례 말씀드린 것처럼 무언가를 판단할 때는 이분법적 접근은 지양할 필요가 있어요. 물론 결정을 내릴 때는 한쪽을 선택해야 하겠죠. 그렇지만 그 과정 동안은 다분법적인 접근이 필요해요. 전문성 있고 신뢰할 수 있는 재활전문가를 판단하는 경우도 '경력이 많고 적음'의 이분법적 개념으로만 접근하면 다른 중요한 부분을 간과할 수 있어요. 다시 말해, 경력이라는 양적 개념과 더불어 근무 기관의 상황이라는 질적 개념도 중요할 수 있어요. 예를 들어, 동일 영역의 재활전문가가 없는 기관에서 5~6년 동안 근무를 한 사람이 동일 영역의 재활전문가가 여러 명 있는 기관에서 3~4년 동안 근무를 한 사람보다 전문성이 높다고 말할 수 있을까요? 반대로 후자가 전자보다 전문성이 낮다고 할 수 있을까요? 이렇게 단정적으로 말하지 못하는 이유는 선생님의 개별적 특성, 성향, 태도, 근무 기관의 환경 등이 중요한 변수로 작용할 수 있기 때문이에요. 재활 업무를 시작한 지 1~2년 만에 전문성을 가지는 사람도 있는 반면 3~4년이 지나도 그렇지 않은 사람도 있어요.

다른 조건들이 거의 동일하다는 가정하에서 '경력이 많다'는 것은 중요하지만 그런 조건들이 동일한 경우는 드물어요. 경력이 짧은 분들은 자신의 경력이 짧다는 것을 스스로 잘 알고 있어요. 그렇기 때문에 이를 극복하기 위해 최선의 노력을 한답니다. 바로 자신의 일에 열정(passion)을 가지고 노력을 해요. 그들은 수업시간 동안 대상자의 어려움이 개선될 수 있도록 최선을 다하는 자세를 가지고 있어요. 이것은 전문가가 가져야 할 중요한 덕목 중 하나예요.

"경력이 많은 선생님으로 배정해 주세요?"를 이제부터는

"우리 아이가 겪고 있는 문제를 해결해 본 경험이 많은 선생님으로 배정해 주세요." 혹은 "우리 아이가 겪고 있는 문제를 해결할 수 있는 열정을 가진 선생님으로 배정해 주세요."라는 말로 바꾸어 보는 건 어떨까요?

재활치료에서 대상자의
'동기'가 왜 중요한가요?

재활치료의 대상자가 아이인 경우 보통 상담은 부모와 하게 되죠. 상담에서 부모는 여러 질문을 하는데, 그중 하나는 '재활치료의 기간'에 관해서예요. "아이가 얼마 동안 재활치료를 받아야 좋아질까요?" 혹은 "완치가 되려면 얼마나 걸릴까요?"라는 식으로 많이 물어보세요. 필자는 한 번도 그 기간을 정량적으로 말한 적은 없었던 것 같아요. 그 이유는 여러분도 짐작하시겠죠?

이야기를 좀 바꾸어 보겠습니다. 재활치료의 활동은 영역에 따라 다소 차이가 있을 수 있지만 대상자가 아이라면 대부분은 놀이 위주로 이루어져요. 언어재활이든 감각통합치료이든 심리재활이든 수업은 놀이 활동으로 진행되어요. 활동은 놀이를 중심으로 하지만 재활치료 목표는 영역별로 달라요. 예를 들어, 어떤 아이를 대상으로 '블록'을 가지고 언어재활 수업에서, 감각통합 수업에서 그리고 심리재활 수업에서도 사용할 수 있어요. 활동의 매개체는 동일하지만, '블록 끼워' 혹은 '블록 빼'와 같이 '대상+행위'의 2어문 의미 관계를 발화하도록 하는 언어재활 목표, 특정 블록을 정해진 위치의 블록 판에 끼우는 '눈-손 협응'이 이루어지도록 하는 감각통합 목표 그리고 특정 형태(예: 로봇)를 완성함으로써 자신감과 자존감을 향상시키는 심리재활 목표와 같이 활동의 목표는 달라요.

이처럼 활동이 놀이로 이루어지면, 대상자의 흥미를 자연스럽게 유도할 수 있다는 장점이 있어요. 자연스럽게 흥미를 유도하는 접근은 대상자에게 목표 관련 자극을 간접적으로 주게 돼요. 다만 이런 접근은 대상자가 목표 행동을 하게 하는 데 어느 정도 시간이 소요될 수밖에 없어요. 대상자가 어리면 어릴수록 재활치료를 받는 것에 동기가 약하거나 없을 수 있겠죠. 어리지 않더라도 자신이 재활치료를 받는 것에 거부감이 있는 대상자에게도 초기에는 놀이 위주의 활동으로 접근하는 것이 효과적이에요. 만일 재활치료를 받는 것을 이해하고 있는 혹은 필요성을 인식하고 있는 대상자라면(동기를 가지고 있는 대상자) 당연히 놀이 위주의 활동보다 직접적인 자극을 줄 수 있는 접근(법)을 해야겠죠. 그만큼 재활치료 기간도 단축될 수 있을 거예요.

둘째 아이 출생으로 인한 첫째 아이의
스트레스는 어떻게 대처해야 할까요?

시중에 출간되어 있는 아동 양육 관련 서적들을 참고하면 이 질문과 관련된 다양한 정보를 찾을 수 있어요. 심지어 이 질문과 유사한 제목으로 출간된 서적들도 있더라고요. 그만큼 둘째 아이를 가진 혹은 가질 계획이 있는 부모들에게는 중요한 이슈라는 의미겠죠! 그리고 재활치료 현장에서 자주 받는 질문이기도 해요.

정답(?)을 얻기 위해 여러 서적을 살펴보았어요. 머리에 '딱 이거구나!'라는 정답을 찾지는 못했지만 도움이 되는 조언은 많이 있었어요. 예를 들어, 둘째 아이는 상대적으로 어리기 때문에 첫째 아이에게 더 많은 관심과 사랑을 주는 것이 효율적이라는 조언부터 동생의 출현으로 인해 첫째 아이가 불안정해 보이더라도 시간이 지나면 괜찮아질 것이니 기다려 주라는 조언까지 다양했어요. 가정마다 상황이나 부모의 양육 스타일, 생활 패턴 등이 다르기 때문에 하나의 특정 접근 방식이 '맞다'고 확언하는 것은 아닌 것 같아요.

필자는 여러 서적에서 얻은 정보와 다자녀 부모들의 조언 그리고 현장 경험을 바탕으로 내린 결론이 하나 있어요. 바로 아빠의 양육 참여예요. 마음속으로 '에이~' 하시는 독자 분들의 소리가 여기까지 들리는 듯하네요. 우리의 현실을 고려해 볼 때 아마 대부분의 가정에서 아이가 아빠보다 엄마와 관계가 더욱 밀착되어 있을 거예요. 이런 상황에서 아이는 동생의 출현으로 엄마를 빼앗기는 기분이 당연히 들겠죠. 하루 종일 자신과 놀아 주던 엄마가 어느 날 갑자기 나타난 동생만 쳐다보고 있고, 심지어 동생에게 다가가기만 해도 "저리 가!"라는 소리를 듣는다면 어떤 마음이 들까요? 이런 상황에서 엄마가 "아빠하고 놀아."라고 하는 말이 아이에게는 현실적인 해결책이 아니라는 거죠. 왜냐하면 동생이 태어나기 전까지는 엄마라는 세상에서 살던 아이에게 한순간 익숙하지 않은 아빠라는 세상에 가서 살라고 하는 것이니까요. 독자 여러분도 대한민국이라는 세상에서 살다가 갑자기 내일부터 미국에 가서 살라고 하면 어떨까요? 준비 없이 가면 황당할 수밖에 없고 적응하기 어려울 거예요.

그러니 평소 아이가 엄마만큼 아빠와의 관계가 잘 형성되어 있다면 이런 어려움을 최소화시킬 수 있어요. 자연스럽게 아빠가 엄마의 대체 환경이 되는 거죠. 아빠이기 때문에 다른 어떤 대체자(예: 할머니, 육아 도우미 등)보다 여러 면에서 효율적이기도 하고요. 무엇보다 아이의 입장에서 엄마만큼 친숙한 환경이잖아요. 결국 문제 해결은 아빠가 평상시에 아이와의 관계를 얼마만큼 잘 형성하는가에 달려 있어요.

아빠는 엄마의 육아를 도와주는 존재가 아니에요. 육아를 직접 담당하는 사람이죠. 아빠는 가정의 경제적 측면을 위해 밖에서 일하는 사람이고 엄마는 아이(들)를 양육하는 사람이라는 전통적 인식이 바뀌어야 해요. 맞벌이 가정이 늘고, 어린이집에 다니는 아이의 연령이 어려지는 등 가정의 육아 환경이 급격하게 변화했어요. 이런 환경에서 아빠가 육아와 관련된 당연한 역할을 하는 것이 슬기로운 해결책이 될 수 있을 거예요.

우리 아이가 소위
'자폐'라는 건가요?

    이 질문에 관한 논의를 하기 전 독자들의 이해를 돕기 위해 소위 '자폐'와 관련하여 간단하게 정리하고 싶어요. 왜냐하면 상담에서 보호자들이 필자에게 "자폐와 발달장애가 같은 건가요? 다른 건가요?"라는 질문을 하는 경우가 많아요. 이런 질문을 받을 때마다 보호자들뿐만 아니라 일반인에게도 알릴 필요가 있겠다 싶었어요. 이 기회에 정리해 보도록 할게요.

    먼저, '자폐'라는 용어는 2021년 현재를 기준으로 자폐스펙트럼장애(autism spectrum disorder)로 사용되고 있어요. 미국정신의학회(American Psychiatric Association)에서 2013년 발간한 『정신질환의 진단 및 통계 편람(Diagnostic and Statistical Manual of Mental Disorders: DSM)』의 다섯 번째 개정판에서 사용하고 있는 용어예요. 자폐장애, 아스퍼거장애, 아동기붕괴성장애, 명시되지 않은 전반적 발달장애를 모두 포함시켜 자폐스펙트럼장애라는 용어로 정리하였어요. 이 용어는 현재 학계를 중심으로 널리 사용되고 있다고 보시면 돼요.

반면, 발달장애(인)는 우리나라의 법률에서 정의하고 있는데 지적장애인, 자폐성장애인 등을 포함하는 용어예요. 해당 법률은「발달장애인 권리보장 및 지원에 관한 법률」제2조 제1항이죠. 그리고 발달장애의 진단은 소아청소년과 신경분과 전문의와의 상담, 지속적인 관찰과 반복 검사를 통해 이루어져요.

그럼 "우리 아이가 소위 자폐라는 건가요?"라는 질문으로 다시 돌아가 볼게요. 질문 자체는 '예/아니요'의 이분법적 대답을 요구하고 있는 듯 보여요. 그렇다면 현재 법률상 진단은 병원에서 내릴 수 있기 때문에 필자도 확실한 대답을 드리지 못해요. 다만 질문을 "우리 아이가 자폐 성향이 있나요? 있다면 심한가요?"라는 의미로 해석한다면 이야기를 할 수 있어요.

필자는 모든 사람이 조금씩 자폐적 성향을 가지고 있다고 생각해요. 예를 들어, 퇴근 후 아파트 주차장에 주차를 하는 것과 관련하여 사람마다 선호하는 위치가 있을 수 있어요. 왠지 그 위치가 좀 더 넓어 보이고, 편한 느낌을 주는 곳이라고 생각하기 때문이에요. 그런데 그 위치에 다른 차가 이미 주차되어 있다면 "에이"하고 실망 섞인 소리가 무의식적으로 나오기도 하죠. 어쩔 수 없이 다른 공간에 주차를 하겠지만 다음 날 그 위치가 비어 있다면 당연히 주차를 하고 기분 좋게 집으로 들어가는 자신을 발견할 수 있을 거예요. 이런 분을 자폐라고 하지는 않을 거예요.

자폐를 겪고 있는 대상자들이 나타내는 증상은 다양해요. 눈맞춤에 어려움을 겪거나 또래에게(심지어 부모에게도) 관심을 나타내지 않기도 해요. 또한 특정 감각이 예민한 경우도 있고(매우 작은 소리에 반응함) 옹알이 혹은 발화가 거의 없으며(흔히 언어발달이 지연) 외부 자극에 적절한 반응을 하지 않는 등 다양해요. 또한 배변을 가리는 시기가 늦어지고 지적인 결함이 의심되기도 하죠. 이러한 증상들이 많거나 그 정도가 심하다면 일반인들도 쉽게 알 수 있겠지만 증상들이 많지 않거나 심하지 않다면(흔히 경계선급이라고 표현) 애매할 수 있겠죠. 이런 이유 때문에 주변에서 "아직 어린데?" "부모가 너무 예민하게 반응하는 것 아닌가요?" 등의 반응을 보여요. 이 때문에 재활치료의 시작이 늦어지기도 하죠.

보호자 입장에서 우리 아이가 자폐인지, 자폐가 아닌지를 확인하는 것은 중요해요. 더불어 아이에게서 나타나는 증상들의 유형과 정도를 알아보는 것도 중요해요. 현장에서는 아이의 연령이 너무 어리거나 나타나는 증상의 수가 적거나 정도가 약한 경우 자폐 성향이 있다는 식으로 언급해요. 이런 성향(들)이 아이에게서 나타나면 발달에 부정적 영향을 미치는 것은 사실이에요. 가장 기본적인 영향은 외부에서 주어지는 자극(들)에 반응을 잘하지 않는 것이죠. 현장에서는 이런 현상을 '자극(들)이 잘 들어가지 않는다.'는 표현을 쓰기도 해요.

사실 아이의 발달은 아이를 둘러싸고 있는 외부 자극에 관한 반응이라고 할 수 있어요. 이러한 성향을 나타내는 아이를 대상으로 한 재활치료는 영역에 상관없이 외부 자극을 받아들이고 그것에 반응하도록 하는 것이 가장 기본적이면서 핵심적인 목표라 할 수 있어요.

매일 아이에게 일정 시간 이상 영상 매체
(예: TV, 휴대폰 등)를 보여 주면 좋지 않겠죠?

다른 사람과 상호작용이 잘되지 않고 언어발달이 느린 아이들의 보호자들과 상담을 하는 과정에서 자주 언급되는 이슈 중 하나가 영상 매체의 노출에 관한 것이에요. 특히 어린 아이들도 휴대폰을 접할 수 있는 기회가 많아지면서 더욱 빈번하게 논의되는 이슈인 것 같아요.

아이가 어릴수록 휴대폰, TV 등과 같은 영상 매체 시청이 좋지 않다는 의견에는 대체로 공감을 하실 거예요. 그럼에도 불구하고 아이에게 휴대폰을 어쩔 수 없이 보여 주는 상황이 있어요. 외식을 할 때 주위를 한 번 둘러보세요. 아마 어린아이에게 휴대폰이나 태블릿 pc를 통해 영상을 보여 주는 가족을 쉽게 볼 수 있을 거예요. 영상을 보여 주는 이유는 아이에게 밥을 먹이기 용이하기 때문에 혹은 아이가 식당을 돌아다니는 등의 행동으로 다른 손님에게 불편함을 주지 않도록 하기 위해서라고 해요. 또한 가정에서도 휴대폰을 보여 주는 경우도 많은데, 대부분 집안일(예: 식사 준비 등)을 하기 위해서라고 해요.

영상 매체가 무조건적으로 나쁘다고 인식하는 것도 경계해야 되겠죠. 일부에서는 영어 교육을 이유로 어린 시기부터 영상 매체를 활용하는 사례도 있어요. 그 자체가 효율적인지 비효율적인지를 논하자는 의도가 아니라 아이의 관심, 보호자의 계획 등 여러 사항을 고려하여 이루어진다면 충분히 활용할 수도 있을 거예요.

문제는 아이의 발달 상황, 육아 환경 등을 고려하지 않은 채 보호자 입장을 우선하여 혹은 무계획적으로 허용하다 보면 아이에게 긍정적인 영향보다 부정적인 영향이 더 큰 경향이 있어요. 부정적 영향의 대표적인 예로 아이에게서 표현력이 지연되고 공상(空想)의 사고를 현실에 반영하는 듯한 표현이 많이 나타나요.

이러한 문제를 해결하기 위한 최선의 방법은 아이가 조절력을 가질 때까지 휴대폰과 같은 매체를 접하지 않게 하는 것이에요. 하지만 현실적으로 쉽지 않을 거예요. 어쩔 수 없다면 보호자가 철저한 계획 아래 아이에게 노출시킬 필요가 있어요. 더불어 중요한 것은 아이가 영상을 시청하는 동안 보호자도 함께 상호작용을 하면서 시청을 해야 돼요. 무엇보다 아이가 있는 곳에서 보호자도 휴대폰, 태블릿 PC 등의 사용을 최대한 자제할 필요가 있어요. 엄마, 아빠가 휴대폰을 사용하고 있으면 아이도 당연히 하고 싶겠죠?

치료의 종결은
어떻게 결정하나요?

이 질문을 한 번 더 생각해 보면 종결을 결정하는 사람은 누구인지, 또 종결의 기준은 무엇인지, 종결의 시점은 어떻게 잡는지 등의 여러 질문이 포함된 것 같아요. 현장에서 초기 상담을 하는 동안 보호자 대부분이 "어느 정도 치료를 받으면 좋아질까요?" 혹은 "치료 기간이 어느 정도 걸릴까요?"라는 질문을 해요. 초기 상담에서 치료를 종결하는 기준에 관해서 묻는 보호자는 거의 드물어요. 그냥 막연히 '아이가 좋아지면……'이라고 생각하는 것 같아요.

전문가 입장에서 종결의 기준을 간단하게 설명해 드릴게요. 치료의 종결을 결정하는 사람은 누구인가? 종결을 결정하는 사람은 보호자와 치료사가 함께 결정하는 것이 좋아요. 보호자 혹은 치료사의 일방적인 판단으로 결정하는 것은 바람직하지 않아요. 안타깝게도 현장에서는 여러 가지 이유로 이런 사례가 발생하기도 해요. 아이의 어려움이 개선되었다는 것을 보호자와 치료사가 함께 확인하는 것이 최선인 것 같아요.

다음으로, 종결의 기준에 관한 것이에요. 담당 치료사는 치료실 상황에서 설정했던 단계별 목표에 관한 준거 기준을 가지고 있을 거예요. 당연히 그 기준을 가지고 판단을 해야겠죠. 보호자는 그러한 목표 행동이 일상생활(예: 가정, 어린이집 등)에서 사용되는지를 확인하면 돼요. 흔히 이를 일상생활로의 일반화 혹은 전이라고 하죠. 가끔 보호자가 담당 선생님에게 "치료실에서는 잘하는 것 같은데, 집에서 혹은 밖에서는 아직 잘 안 되는 것 같아요."라고 호소해요. 전형적으로 일반화가 아직 완성되지 않은 것이겠죠.

필자는 치료실에서 목표로 했던 행동이 가정 혹은 어린이집과 같은 밖에서도 자발적으로 사용된다면 종결을 논의해도 되는 시점이라고 봐요. 물론 필요에 따라 자발적으로 사용하는 것을 넘어 지속적으로 잘 사용되는지까지 종결을 늦출 수도 있어요. 이 경우도 보호자와의 논의를 통해 이루어지는 것이 바람직해요.

이런 사항들을 전체적으로 고려해 보면 치료의 종결과 관련하여 담당 치료사와 보호자 간에 논의가 이루어지는 것이 필수적이겠죠. 그럼에도 불구하고 현장에서는 아이가 받고 있는 사업(예: 지역투자서비스사업)이 종결되어서, 학원 일정과 겹치는 등의 이유로 종결되는 사례가 많아요. 어려움을 겪고 있는 아이가 치료 종결을 결정하는 것은 아니죠. 하지만 치료 종결로 인해 어려움을 지속적으로 겪을 수 있는 당사자는 아이예요. 아이의 입장에서 한 번 더 숙고해 주었으면 좋겠어요.

차라리 인터넷 수업이
더 좋은 것 같아요

COVID-19로 인해 한국을 포함한 전 세계가 고통을 받고 있던 시기인 2020년 4월 어느 날 사회성 수업을 받고 있는 중학교 1학년 학생이 한 말이에요. 학교는 개학을 했지만 수업은 온라인으로 이루어지고 있는 중에 필자가 "온라인이지만 개학을 했는데, 기분이 어때?"라는 질문에 관한 답이었어요. 필자가 "왜 더 좋아?"라고 물으니 아이는 "아이들이 날 괴롭히지 않으니까."라고 대답을 했어요. 아이는 "영원히 학교에 가지 않고 이렇게 수업을 했으면 정말 좋겠어요."라는 말을 덧붙였어요. 순간 필자는 머리를 한 대 맞은 것처럼 멍해졌어요.

아이는 학교 또래들이 괴롭히지 않으니까 하루 6~7시간

컴퓨터 앞에 앉아 있는 것도 전혀 힘들지 않고 오히려 수업에 더 집중할 수 있는 것 같다고 하였어요. 필자는 아이에게 어떠한 말도 못했어요. 머릿속에선 '나와의 수업 목표가 사회성 향상인데. 지금까지 수업을 한 이유가 학교 친구들과의 관계를 개선하기 위해 노력한 것인데.'라는 생각만 맴돌았어요.

필자도 현재 연구소에서 사회성 향상을 위한 초등학교 저학년 그룹, 고학년 그룹 수업을 하고 있어요. 필자뿐만 아니라 연구소에서 사회성 향상을 위한 그룹 활동을 담당하는 선생님들이 공통적으로 가지고 있는 딜레마가 하나 있어요. 아이들이 연구소에서 이루어지는 사회성 수업에서는 수행을 잘하지만 실제 또래 환경에서는 수행이 잘되지 않는다는 점이에요.

잘되지 않는 이유는 다양하겠지만, 한 가지 확실한 것은 실제 또래 환경 자체가 치료실에서의 그룹 환경과 다르기 때문일 거예요. 다시 말해, 연구소에서 그룹에 참여하고 있는 또래들은 대개 비슷한 어려움을 가지고 있어요. 이런 점이 반영되어 치료사의 자극에 따라 적절한 반응을 하도록 연습하고 있죠. 그런데 이런 상황에 익숙한 아이들이 실제 환경에서 또래들의 돌발적인 반응에 적응하지 못하는 경우가 많아요. 물론 치료실 상황에서도 또래 아이들의 돌발적인 반응을 가정한 연습을 하지만 실제 환경에 비해 제한적인 것이 사실이에요. 그런 아이들의 돌발적인 반응에 "그런 반응은 무시해도 돼."라는 식의 조언은 한계가 분명 있는 것 같아요. 결국 상처를 받게 되고, 따돌림을 당하게 되는 것 같아요.

"차라리 인터넷 수업이 훨씬 더 좋은 것 같아요."라고 반응한 중학교 1학년 아이도 이런 상황인 것 같아요. 필자와 1:1 수업을 하지만 다양한 상황에서 상대의 행동 혹은 말에 어떻게 대처하는 것이 효율적인가에 초점을 두고 수업을 해 왔어요. 아이에게 필자의 조언 혹은 모델이 도움이 된 측면도 있었을 거예요. 하지만 실제 환경에서 또래들의 반응들은 달랐던 것 같아요.

그렇다면 이러한 문제를 풀기 위한 근본적인 해결책은 없을까요? 필자는 있다고 봐요. 문제는 이 해결책이 시간이 걸리는 방법이라는 거예요. 그 방법은 바로 아이들에 관한 사회적 인식을 개선시키는 것이에요. 장애가 있는 사람들을 이웃, 친구로 생각하는 인식이 우리 사회에 하루 빨리 반드시 정착되어야 해요. 그렇지 않으면 이들을 위한 재활치료, 교육은 겉돌 수밖에 없어요. 사회적 약자인 장애인에 관련하여 공감하고 배려하는 문화가 하루 빨리 정착될 수 있도록 하는 것이 핵심인 것 같아요. 이를 위해 '나'와 '너'가 아닌 '우리 모두'가 함께 노력해야 해요.

주의력결핍 과잉행동장애(ADHD)를 겪는
아이를 위해 무엇을 해 주면 좋을까요?

    대부분의 부모가 자녀를 양육하다 보면 한 번쯤은 '우리 아이가 흔히 말하는 주의력결핍 과잉행동장애(이하 ADHD)는 아닐까?'라는 생각을 한다고 해요. 왜 그렇게 생각하는지 이유를 물어보면 대개 아이가 "너무 산만해요." "가만히 있지를 못해요." "자기 물건을 잘 잃어버려요." 등 다양한 답변을 하세요. 사실 이런 답변들 자체를 살펴보면 '가능성'이 있을 수 있어요. 왜냐면 ADHD를 겪고 있는 사람들이 나타내는 특성이기 때문이죠. 명칭 자체가 주의력결핍(attention deficit)과 행동 문제(hyperactivity)를 포함하고 있어서 일반인도 쉽게 특성을 유추할 수 있어요.

물론 이런 특성을 나타낸다고 모두가 ADHD인 것은 아니겠죠. 하지만 일련의 조사에 따르면 초등학교 한 학급에서 한두 명은 ADHD를 겪고 있다고 할 만큼 우리 주변에서 쉽게 마주할 수 있어요. 일반적으로 ADHD 진단은 정신건강의학과 전문의와의 면담, 행동 관찰, 설문지 검사, 주의력 검사, 인지 평가 등을 통하여 임상적으로 이루어져요. 혹시 이 책을 읽고 있는 독자 중 자녀가 이와 비슷한 어려움을 겪고 있다면 가까운 정신의학과 전문의와 상담해 보는 것도 좋을 것 같아요. ADHD도 시기를 놓치지 않고 제때 치료를 하는 것이 중요하기 때문이죠.

ADHD를 겪는 아이들은 여러 가지 어려움을 겪게 돼요. 앞에서 언급한 것처럼 '산만하다.' '돌발적인 행동을 한다.' '행동이 과하다.' '순서를 기다리지 못한다.' '알고 있는 것도 자주 틀린다.' '소란스럽다.' '손발을 계속 움직인다.' 등 다양한 어려움이 있는데, 이를 '주의력 결핍' '행동문제' 그리고 '충동성'으로 묶을 수 있어요. 일부 전문가는 이 세 가지를 ADHD의 3대 핵심 증상이라고 해요. 이 핵심 증상이 또래관계와의 일상생활에 부정적 영향을 미치는데, 특히 유치원, 학교 등과 같은 구조적 상황에 훨씬 더 부정적으로 영향을 미쳐요.

많은 분이 아이에게서 이러한 문제가 왜 나타나는지 궁금해 하세요. 현재까지 밝혀진 바에 의하면 뇌(brain) 기능의 문제, 미성숙, 불균형 등에 기인한다는 것이 대체적인 정설(定說)이에요. 보통 부모가 아이를 잘못 양육하기 때문이라고 생각하는 분들도 의외로 많으세요. 확실한 건 이런 아이를 양육하는 환경에 따라 문제의 정도가 심해지는 경우가 많아요. 따라서 부모 교육 혹은 부모 코칭과 같은 접근이 반드시 필요해요.

ADHD를 치료하는 방법으로는 약물치료 외에도 행동치료, 부모 코칭 등이 대표적이에요. 약물치료는 의사의 처방에 따라 이루어지기 때문에 여기에서는 다루지 않아요. 필자는 행동치료, 부모 코칭 그리고 사회성에 관해 논의하고 싶어요. 행동치료는 ADHD를 겪고 있는 대부분의 아이가 나타내는 행동 문제를 직접적으로 다루는 것이죠. 흔히 행동수정이라고 하는데, 과잉행동과 충동적 행동의 빈도를 줄이는 것을 목표로 해요. 행동수정이 효과를 거두기 위해서는 전문가의 계획 아래 아이의 (문제) 행동에 관해 적절한 자극이 아이에게 일관되고 지속적으로 주어져야 하고, 이를 통해 아이 스스로 행동에 관한 조절력을 키우는 것이 핵심이에요. 필자의 경험상 이 접근법은 짧은 시간 내에 효과를 낼 수 있는 것은 아닌 것 같아요.

행동치료와 더불어 부모 교육도 이루어질 필요가 있어요. ADHD뿐만 아니라 다른 장애도 마찬가지일 거예요. 아이가 겪고 있는 문제를 전문가에게만 맡겨 두는 것보다 보호자인 부모가 함께 해결하기 위해 노력해야 해요. 우리 아이에게서 나타나는 증상들은 어떤 것들이 있는지, 이 증상들이 나타내고 있는 심한 정도는 어떤지, 또래관계에서 가장 문제가 되는 부분은 어떤 것인지, 가족이 어떻게 대처해야 하는지 등을 숙지할 필요가 있어요. 필자의 경험상 부모가 자녀를 객관적으로 많이 알게 되면 될수록 해결 방법도 하나씩 배우게 되는 것 같아요.

마지막으로, 사회성 개선을 위한 접근에 관한 것인데요. 현장에서 ADHD를 겪는 아이들의 사회성과 관련된 어려움을 보면 둘 중 하나인 것 같아요. 하나는 충동적이고 부주의하고 지나치게 움직이는 행동으로 인해 또래와의 관계를 맺고 유지하는 데 어려움이 있는 경우가 있어요. 다른 하나는 멍하게 앉아 있거나 의욕이 없이 쳐져 있어서 또래에 관심 자체가 없는 경우가 있어요. 유형은 다르지만 또래, 즉 외부 환경과의 상호작용에 어려움이 있을 것이란 점은 동일해요. 물론 우리 아이가 전자에 속하는지 후자에 속하는지에 따라 사회성 개선을 위한 접근 방식은 달라져야 해요.

이 책을 집필하고 있는 동안 연구소에서 언어치료 영역의 팀장을 맡고 있는 선생님께서 필자에게 상의를 한 적이 있어요. 팀장님은 자신이 담당하고 있는 7세 사회성 그룹의 한 아이가 또래들과의 활동에서 유독 산만한 행동(예: 색칠하는 활동에서 끊임없이 사인펜 뚜껑을 닫았다 열었다 반복함, 다른 아이들은 차례를 기다리고 있는데 갑자기 불쑥 튀어 나감 등)을 한다고 하였어요. 팀장님은 활동을 할 때마다 모든 아이에게 자극을 주고 적절한 반응에 관한 모델을 주고 반응을 유도하고 있지만 유독 그 아이만 개선이 되기보다 (문제행동이) 지속되는 것 같다고 하였어요.

이 사례처럼 동일한 자극을 주더라도 반응력은 아이마다 다를 수 있어요. 왜냐하면 산만함의 심한 정도, 약물 복용 여부, 사회성 그룹의 참여 기간 등이 아이마다 다를 수밖에 없으니까요. 설령 이러한 변수들이 비슷하더라도 개선이 되는 속도에 차이가 있을 수 있어요. 확실한 것은 그럴수록 아이에게 사회성 수업을 통해 지속적으로 자극이 주어져야 한다는 점이에요. 현장에서 가장 경계해야 할 부분은 개선이 미미하다는 이유로 사회성 수업의 참여가 중단된다면 아이의 문제는 더욱 심각해질 가능성이 높다는 점이에요. 사실 이러한 측면은 최초 상담에서 부모에게 전달될 필요가 있어요. 이를 통해 부모도 아이의 전체적인 치료 과정에 관한 예측을 할 수 있어요.

아이에게 필요한 재활치료에 관해
관점이 다른 남편, 어떻게 해야 하나요?

    얼핏 보면 이런 고민은 독자 입장에서 쉽게 이해가 안 될 수도 있을 것 같아요. 필자가 정확히 통계를 산출해 보지는 않았지만, 초기 상담에서 이런 고충을 토로하는 사례는 상담 건수의 30% 이상은 되는 것 같아요. 드물긴 하지만 연구소에 상담을 받으러 오는 자체를 남편에게 알리지 않는 분도 계세요. 이런 사례는 아이에게 재활치료가 필요하다는 결론이 나오더라도 실제로 시작할 수 있을지는 미지수에요.

    예전과 달리 아빠들이 양육에 많이 참여하고 있지만 현장에서 볼 때 여전히 아이의 교육, 재활치료 등 전반적인 양육은 엄마의 역할이 훨씬 더 큰 것 같아요. 맞벌이 가정의 경우도 마찬가지인 것 같아요. 아이의 양육에 관해 대부분의 아빠는 '자신은 도와주는 사람, 아이의 엄마가 책임지는 사람'이라는 인식을 가지고 있는 것 같아요. 필자는 현장에서 아빠들의 이런 인식을 쉽게 확인할 수 있었어요. 아빠들은 "일이 바빠서" "직장생활을 하다 보면 시간 내기가 어려워서"라는 식의 이유를 가장 많이 이야기하세요. 가끔 "아이와 놀아 주는 방법을 모르겠어요."라고 말하는 분들도 계시긴 해요.

아빠들의 그런 이유들은 역설적으로 아이에 대해 실제적으로 잘 모를 수 있다는 말이기도 해요. 이런저런 이유로 아빠와 아이가 상호작용하는 시간 자체가 부족하고, 부족하다 보면 아이의 일부 모습만을 보고 있겠죠. 아빠는 아이가 현재 좋아하는 캐릭터는 어떤 것인지, 잘 먹는 음식은 무엇인지와 같은 것은 쉽게 알 수 있어요. 그런데 놀이터에서 (또래들과) 어떻게 상호작용 하는지, 유치원 선생님이 아이를 어떻게 보고 있는지 등에 관해서는 모를 가능성이 높아요.

이런 유형의 아빠들이 엄마와 다른 의견을 낼 때 주장하는 근거는 다음과 같아요.

- 아이가 집에서 아빠인 자신(혹은 엄마, 할머니)과 상호작용하는 것에 문제가 없다.

- 할머니, 할아버지의 말에 의하면 아빠 자신도 어렸을 때 말문이 늦게 트였다.
- 주변에 물어보니 아이 엄마가 좀 예민한 것 같다고 아이에게 느긋하게 기다려 주라고 했다.

첫 번째 근거와 관련하여, 실제로 아빠와 아이가 상호작용하는 것에 문제가 없을 수도 있어요. 다만, 일상생활에서 표면적인 대화에는 문제가 없을 수 있으나 심층적인 대화는 문제가 있을 가능성이 높아요. 예를 들어, 퇴근해서 집에 온 아빠가 아이에게 "오늘 유치원 잘 갔다 왔어? 선생님 말씀 잘 듣고, 친구들과 사이좋게 지냈어?" "아빠 씻고 와서 놀아 줄게." "아빠랑 블록 놀이 할까?" 등과 같은 질문에 아이는 쉽게 대답해요. 반면에 "싸우고 있는 두 아이에게 어떻게 말해야 할까?" "친구에게 화낸 이유가 뭐야?" 등과 같은 질문에는 아이가 쉽게 대답하지 못할 수 있어요. 기본적으로 아빠, 엄마, 할머니 등과 같은 성인은 아이의 눈높이에 맞춰 자극을 주고 반응을 할 때까지 기다려 주기 때문에 아이 입장에서 소통하기 용이한 상대이지만 또래 아이들은 그렇지 않아 소통하기 어려운 상대일 수 있어요. 이런 상대와 상호작용을 할 때 아이의 어려움이 두드러지게 나타나요.

두 번째와 세 번째 근거는 서로 비슷한 내용인 것 같아요. 물론 이런 주장이 사실일 수도 있어요. 반대로 치료의 시작 타이밍을 놓치게 만드는 가장 일반적인 이유이기도 해요. 치료의 시작이 늦을수록, 아이가 겪고 있는 어려움은 계속 고착화되겠죠. 이는 뇌 발달 측면에서도 시냅스(synapse)와 신경로(pathway)가 무수하게 형성되어야 할 결정적 시기를 놓쳐 버릴 수 있다는 의미이기도 해요. 오히려 부정적 행동이 계속해서 반복되면서 바람직하지 않은 시냅스, 신경로가 형성될 수 있어요.

그렇다면 아빠의 견해를 무시하는 것으로 결론을 내리는 것이 좋을까요? 무시할 수도 없고, 무시해서도 안 돼요. 필자의 경험상 아이가 겪고 있는 문제 혹은 재활치료에 관해 아빠가 엄마와 다른 견해를 가지는 근거가 무엇인지 확인부터 할 필요가 있어요. 만약 앞서 언급한 경우에 해당되면 먼저 아빠에게 아이를 좀 더 파악할 수 있도록 유도할 필요가 있어요. 대부분의 아빠는 아이가 겪는 어려움을 확인할 기회가 없었던 것 같아요. 더불어 필자와 같은 전문가와 상담을 하도록 하는 것도 좋은 방법이에요. 필자는 연구소에서 이런 아빠들과 상담을 많이 해요. 초기 상담에서 이런 고민을 호소하는 엄마들에게 아빠와 함께 연구소를 방문하도록 요청해요. 처음에는 방어적이거나 회피하는 아빠들도 상담 후 많이 변화된 모습을 보이세요. 아이의 재활치료가 어느 정도 시간이 걸리는 것처럼 아빠의 생각이 바뀌는 것도 어느 정도 시간이 걸릴 수 있어요. 꾸준하게 아빠들에게 보여 주고 설명할 필요가 있어요. 이런 측면에서 아빠들이 이 책을 여러 번 반복해서 읽었으면 좋겠어요. 연구소에 아이와 함께 오는 것 자체를 받아들이지 못하던 아빠들이 지금은 금요일 오후 혹은 토요일 수업에 엄마 대신 와서 필자와 아이의 발달 상황에 관해 자연스럽게 이야기를 해요.

아빠의 견해가 '맞느냐 틀리냐?'가 아니라 빠른 시간 내에 아이가 겪는 문제를 극복하도록 하는 것이 중요하다는 점을 잊지 마세요.

수업 후 부모 상담을 하지 말고 그 시간 동안
수업을 더 하면 좋지 않을까요?

우리 주변에 맞벌이 부모가 늘어나면서 아이의 양육을 조부모가 담당하는 가정을 쉽게 찾아볼 수 있어요. 그러다 보니 아이의 재활치료를 위해 연구소를 방문하는 보호자가 부모가 아닌 조부모인 경우가 꽤 많아요. 이런 사례도 보통 최초 상담은 아이의 부모와 해요. 상담이 이루어지는 동안 혹은 상담 후 치료를 받겠다는 결정은 부모가 하지만, 치료 일정(주별 치료 횟수, 요일, 시간 등)과 관련된 부분은 조부모와 의논을 해요.

이렇게 시작한 수업은 부모가 시간이 될 때를 제외하고 대부분 조부모가 아이와 함께 연구소에 와요. 수업이 끝난 후에는 목표 및 활동, 아이의 반응에 관한 내용을 조부모에게 전달하고, 궁금한 부분에 관해서 상담을 해 드리는 식으로 진행해요. 물론 치료 활동과 직접 관련이 없는 아이의 일상적인 생활에 관해서도 상담을 하기도 해요.

그런데 가끔 제목과 같이 수업 후 상담을 하지 말고 그 시간 동안 수업을 더 해 달라는 분들이 있으세요. 필자의 경험상 이런 분들은 대개 보호자가 조부모인 경우가 많은 것 같아요. 상대적으로 연령이 많은 조부모들이죠. 연령이 많다는 기준도 순전히 필자의 개인적 경험에 근거해요. 이분들은 상담에서 "나한테 말해도 못 알아들으니 아이 엄마에게 말해 주세요." "내가 선생님 말대로 할 수 있을지 모르겠네."라고 하세요. 어느 정도 이해도 되고 공감도 돼요. 어쩌면 부모 대신 주기적으로 연구소에 아이를 데리고 오는 것만으로도 감사한 일이죠.

하지만 그렇지 않은 사례들, 즉 상대적으로 젊은 조부모 혹은 아빠들이 오셔서 "수업 후 상담 시간까지 수업을 해 주세요."라는 요구는 필자 입장에서 공감이 잘 안 돼요. 이런 요구가 타당할 수도 있다는 생각을 하시는 분들도 계실 거예요. 하지만 수업 후 보호자와의 상담은 여러 가지 측면에서 꼭 필요해요. 보호자는 가정에서 아이의 반응(보통, 목표 행동)을 유도하기 위해 어떤 자극을 주어야 하는지, 갑작스럽게 아이에게 나타나는 문제 행동에 어떻게 대처하는지, 가정에서는 어떻게 연습해야 하는지, 아빠는 아이와 어떻게 놀아 주어야 하는지 등을 알고 있어야 해요. 이런 부분을 알지 못하면, 그래서 아이가 자극을 규칙적으로, 일관되게 받지 못하게 되면 개선이 늦어질 가능성이 높아요.

아이의 문제가 개선되기 위해서는 여러 번 말씀드린 것처럼 치료사의 전문적 재활치료와 더불어 가정에서의 노력이 병행되어야 해요. 연구소를 방문하지 않는 날 가정에서 보호자가 아이에게 필요한 자극을 주느냐 주지 않느냐가 예후에 큰 영향을 미쳐요. 사실 많은 보호자가 이를 잘 인식하고 있지만 실천에 옮기는 것이 여의치 않다고 하세요. 그러나 하셔야 해요. 빨리 문제를 극복하기 위해서 하셔야 돼요. 이를 설명하고 이해시키는 것 또한 담당 치료사의 중요한 역할이죠!

바로 재활치료를 받고 싶은데,
초기 상담 혹은 평가가 꼭 필요하나요?

    연구소로 재활치료를 받기 위해 연락을 주시는 분들 중에서, 초기 상담 혹은 평가를 하지 않고 재활치료에 바로 들어갈 수 있는지를 의뢰하는 분들이 가끔 있어요. 이런 분들은 병원에서 검사를 받았기 때문에 혹은 아이가 발달이 지연된 것이 확실하기 때문에 굳이 상담을 다시 할 필요가 있는지 물어보세요.

    물론 비슷한 시기에 동일한 검사를 두 번 받을 필요는 없겠지요. 그러나 재활치료를 실제로 담당하는 치료사는 수업을 시작하기 전 아이의 현재 발달 상태(특히, 재활치료를 필요로 하는 영역의 수준)를 파악할 필요가 있어요. 현재 상태를 파악해야 장 · 단기 치료 목표를 설정할 수 있겠죠. 따라서 '병원에서 받은 검사 결과가 재활치료를 받으려는 기관에 공유될 수 있고, 그 결과지에 장 · 단기 치료 목표 설정에 필요한 내용이 포함되어 있다면 초기 상담 혹은 평가 없이 가능할 수도 있어요.

또한 대상자의 발달 상태뿐만 아니라 대상자의 (가정)환경, 보호자의 양육 태도, 치료 관련 요구 사항 등에 관한 정보도 초기 상담 혹은 평가 과정에서 파악될 필요가 있어요. 치료가 이루어지는 동안 이런 부분에 관해 보호자와 지속적으로 상담이 되어야 해요. 재활치료가 이루어지는 동안 기관에서의 전문적 개입뿐만 아니라 가정에서의 연계 활동이 함께 이루어질 때 개선의 속도, 정도 등이 달라져요.

그런데 필우리 연구소는 대상자의 재활치료를 담당 치료사에게만 맡기지 않아요. 대상자에 관한 평가 보고서, 장 · 단기 치료 목표 설정 및 치료 활동, 진전 등을 담당 치료사, 팀장, 부원장, 원장 그리고 필자가 함께 공유하고 논의하는 시스템을 갖추고 있어요. 이런 시스템으로 연구소가 운영되기 때문에 특히 최초 상담은 반드시 필자 혹은 원장이 하고, 상담에서 나온 정보 또한 담당 치료사뿐만 아니라 팀장, 부원장에게도 전달돼요. 더불어 연구소의 전 구성원이 참여하는 사례 연구회 (case conference)를 월 2회 꾸준하게 진행하고 있어요. 연구회에서 논의되는 사례는 매주 개최되는 팀장 회의에서 추천을 받아 결정되는데, 소위 '재활치료가 어려운 사례' '진전이 거의 없는 사례' '여러 영역에 걸쳐 치료를 받고 있어 영역 간 협업이 필요한 사례' 등이 대부분이에요.

결론적으로, 필자는 재활치료를 시작하기 전 초기 상담 및 평가를 하는 것이 여러 측면에서 필요하다고 생각해요.

우리 아이는 예민한 편이니,
이렇게 해 주세요.

아이의 예민한 기질도 언어재활 상담에서 하나의 이슈예요. 예를 들어, 예민한 기질에 해당되는 것은 여러 가지이겠지만 "손에 뭐가 묻는 걸 싫어해요." "고집이 센 편이죠." "짜증을 잘 내요." 등이 대표적인 것 같아요. 아이의 전반적인 생활에 관해 상담할 때 그냥 지나가는 말로 하시는 분들이 대부분이에요. 그런데 "우리 아이는 예민한 편이니, 이런 자극은 가급적 안 주셨으면 좋겠어요."라고 하시는 분이 있어요.

아이의 '기질' 혹은 '성격'과 언어(혹은 말)의 관계에 관해 설명해 놓은 서적이 여럿 있어요(심리재활 영역에서는 참고할 만한 서적들이 많이 있어요). 그 서적들을 참고하면 기질이나 성격이 정상적인 언어발달에 부정적인 영향을 미친다는 객관적인 증거는 부족하다는 것이 중론(衆論)인 것 같아요. '예민한 아이는 언어발달이 지연된다.'는 말에 독자 여러분도 동의하지는 않으실 거예요.

그런데 언어재활이라는 치료 환경에서는 이야기가 다소 달라질 수 있어요. 다시 말해, 예민한 기질을 지니고 있는 아이가 언어재활을 받을 때, 그 예민성이 언어를 향상시키는 데 방해할 가능성이 있어요. 사실 언어재활이란 아이에게 필요한 언어 자극을 즐거운 놀이 환경에서 집중적으로, 지속적으로 그리고 일관되게 제시하는 것이 핵심이에요. 아이러니하게 아이에게 필요한 언어 자극은 대부분 아이가 실생활에서 거부하는 자극일 가능성이 높아요. 실생활에서 거부하기 때문에 아이의 언어발달이 지연되는 것이죠. 결국 언어재활사는 이러한 자극을 어떻게 포장해서 전달해야 아이가 잘 받아들일지를 고민해야 돼요.

여기에 보호자의 잘못된 반응이 아이의 예민성을 키울 수 있어요. 제목에서처럼 '우리 아이는 이러한 자극을 싫어하니 고려해 주세요.'라는 식이죠. 예를 들어, 당근 먹는 것을 싫어하는 아이를 위해 어린이집 선생님에게 점심 반찬으로 나오는 감자볶음에 당근을 빼 달라고 요청한다면 아이는 계속해서 당근을 먹지 않을 거예요. 오히려 반대로 어린이집 선생님에게 아이가 당근을 먹을 수 있도록 협조를 구하는 것이 바람직하죠. 보호자는 걱정이 되어 하는 요청이 아이의 예민성을 더욱 강화하는 역효과를 낳을 수 있어요.

필자가 상담에서 보호자들께 드리는 말씀이 하나 있어요.

> 부모는 아이가 접하는 모든 환경을 바꿀 수는 없어요. 그러나 아이가 그 환경에 적응할 수 있는 힘을 키울 수 있도록 도와줄 수는 있어요.

양육에 관련된 부부 갈등 문제까지
개입해야 하나요?

하루는 일과를 마치고 업무 보고를 받는 과정에서 언어재활 영역의 팀장님 한 분이 저에게 한 질문이에요. 필자가 문제의 내용이 구체적으로 무엇인지 물어보았어요. 문제의 주 내용은 아이의 일상생활에 관한 부부간의 의견 차이였어요. 심지어 의견 차이를 넘어 아이가 보는 앞에서 심한 다툼(몸싸움 직전까지 갈 때도 있다고 함)으로 이어지기도 한다고 해요. 최근 아이가 손톱 주변을 물어뜯는 횟수가 급격히 증가하고 있다고 하면서요.

필자는 질문을 한 팀장님께 "어떻게 하는 것이 좋을까요?" 라고 되물어 봤어요. 잠시 후 팀장님은 "부부간의 갈등이지만,

그 갈등의 상당 부분이 아이의 양육과 관련된 것이기에 그냥 듣기만 하는 것은 아닌 것 같아요."라고 대답하셨어요. 필자도 동의해요. 물론 아이의 부모가 호소하는 상황과 내용에 따라 유동적으로 개입 여부를 판단할 필요가 있을 것 같아요. 다시 말해 담당 치료사에게 호소하는 내용이 아이의 언어재활과 관련된 것이라면 치료사의 의견을 전달할 필요가 있지만 관련되지 않은 것이라고 판단된다면 그냥 들어주는 것만으로도 될 것 같아요.

필자는 근본적으로 이 가정을 위해 가족상담치료를 권유해 보기로 했어요. 부부의 갈등이 비단 아이의 양육에만 관련된 것이 아니라는 판단을 했어요. 설령 갈등의 출발점이 아이의 양육일 수는 있지만 현재는 가정생활의 전반에 걸쳐 갈등이 확산되어 있는 상태인 것 같았어요. 부부의 갈등이 해결되지 않는다면 무엇보다 아이의 언어발달에도 부정적인 영향을 미칠 것이 분명해 보였어요.

필자가 이 부부를 상담해 보니 가장 핵심적인 부분은 두 분 모두 자신이 가정을 위해(아이의 양육을 포함해서) 노력하고 희생하는 부분을 인정해 주지 않는다고 생각하고 있었어요. 쉽게 말해 본인이 더 희생을 하고 있다고 생각하는 거죠. 부부 갈등은 아이를 양육하고 있는 어느 가정에서나 있을 수 있는 일이에요. 다만 이 사례처럼 현재 아이의 언어발달이 지연되어 있고, 부부의 갈등이 아이에게 노출되는 빈도가 증가됨에 따라 아이의 심리적 측면에까지 영향을 미치는 점을 고려한다면 적극적으로 중재가 필요해 보여요. 이런 사례라면 부부만의 갈등으로 치부하기보다 전문가들의 적극적인 개입이 필요하다고 생각해요.

3월 개학?
6월 개학?

2020년 5월 COVID-19가 한창 유행하고 있을 때 우리 나라에서 아이들의 학교 개학을 9월로 옮기는 것에 관한 논쟁이 있었어요. COVID-19가 종식되지 않아 여전히 감염의 우려가 있는 6월에 개학을 강행하는 것보다 이번 기회에 아예 개학을 9월에 하는 것이 좋을 것 같다는 여론이 있었어요. 결국 6월에 단계적으로 개학을 했지만요.

필자가 개학 시기를 논의 주제로 선택한 이유는 9월에 개학을 하는 것이 좋을 것 같다는 주장을 하려는 것은 아니에요. 개학을 하게 되면 연구소에 상담, 평가 의뢰가 많이 들어오기 때문이에요. 매년 3월에 유아들은 어린이집, 유치원에 등원을 하고 학령기 아이들은 입학을 하거나 학년이 바뀌면서 새로운 환경에 적응을 해야 해요. 아이들은 알지 못하는 친구들, 선생님, 교실 등 물리적 환경 변화에 적응을 힘들어 할 수 있고, 그것을 받아들여야 하는 심리적 부담 또한 클 수 있어요. 지속적으로 적응이 힘들거나 또래 아이들과 관계 형성이 어려워 상호작용에 어려움을 겪는다면 부모는 담임교사로부터 학교생활에 관한 부정적 피드백을 받을 가능성이 높아요.

개학 직후 이런 피드백을 받은 부모들의 상담 요청이 많은 편이죠. 그런데 올해(2020년)는 COVID-19로 인해 개학이 6월로 늦춰지면서 이런 사례들의 상담도 6~7월로 늦춰졌어요. 대부분의 사례들은 앞서 언급한 내용들과 유사해요. 드물지만, 학교 적응을 아예 포기해서 자택 학습(home schooling)을 선택하는 가정도 있어요. 이런 선택은 부모가 하는 것이지만 필자 입장에서 선택이 다소 빠르지 않나 싶기도 해요. 새로운 환경에 적응을 해 나가는 과정에서 아이가 경험하는 것도 많을 거예요. 부모도 마찬가지죠. 이런 적응 과정을 경험하는 것 자체가 중요하고, 경험을 해 가는 과정에서 적응을 해 나가도록 해 주는 것이 필요해요.

자택 학습은 아이의 능력에 맞도록 교육을 함으로써 학습적 수행력을 향상시키는 장점도 있지만 환경(또래 아이들)과 상호작용을 하는 사회성(예: 관계 맺기) 향상에는 제한적인 단점도 있어요. 따라서 아이의 사회성 향상을 재활치료 목표로 설정한다면 자택 학습은 바람직하지 않아요. 사회성 향상이 목표라면 아이를 또래 아이들과 함께 활동하는 환경에 가급적 많이 노출시켜야 하고, 거기서 나타나는 어려움을 극복할 수 있도록 재활치료 전문가와 협력을 할 필요가 있어요.

집에서는 아무 문제가 없는 아이인데,

밖으로 나오기만 하면 문제가 생기는 아이?

연구소에서 그룹 수업을 하는 한 아이의 아빠가 담당 치료사에게 한 말씀이세요. 이 아이는 사회성 향상을 목표로 그룹 수업을 받기 위해 엄마와 함께 연구소를 방문해 수업에 참여했어요. 그런데 가정의 불가피한 사정으로 엄마와 함께 방문하기가 어려워져, 몇 주 동안 활동보조 도우미가 아이를 연구소에 데려다 주었어요. 이때부터 아이는 수업 참여를 거부하기 시작했어요. 참여를 거부한 채 그룹실 주위를 맴돌기만 했어요.

아이의 이런 행동을 엄마에게 실시간으로 전달해 드렸어요. 어머니는 이런 상황을 해결하기 위해 아빠가 아이와 함께 그룹 수업을 참여하도록 조치를 취했지만, 여전히 아이는 수업에 참여하지 않았고 아빠도 결국 수업 참여를 포기하는 날이 많아졌어요. 아빠는 담당 선생님께 "그룹 수업을 하고 있는 아이들에게 방해를 주는 것 같아 (내 아이를) 강제로 들어가게 하지 않았다."고 하면서 "집에서는 아무 문제가 없는 아이인데, 밖에만 나오면 문제가 생기는 것 같다."고 호소하셨어요.

과연 이 아이가 집에서는 아무 문제가 없을까요? 물론 아빠 말씀대로 문제가 없을 수 있어요. 문제가 없는 이유는 아이를 둘러싼 외부 환경(아빠, 엄마, 할아버지, 할머니 등)이 아이에게 맞춰 상호작용을 해 주기 때문일 거예요. 집은 아이에게 너무나 익숙한 환경으로, 장난감을 비롯한 모든 것을 원하는 대로 가지고 놀 수 있겠죠. 아이가 부모의 손을 잡아 당겨도, 아이가 칭얼거려도 엄마, 아빠는 아이가 무엇을 원하는지 알기 때문에 적절한 반응을 해 주겠죠.

반면, 집 이외의 장소, 예를 들어 유치원과 같은 곳에서는 외부 환경(또래 아이들, 교사)이 아이에게 맞춰 상호작용을 해 주기 어렵기 때문에, 집 밖의 환경에서 아이가 타인과의 상호작용에 어려움을 나타낼 수밖에 없어요. 어린이집에서 아이가 친구의 손을 잡아당기면 그 친구는 방해를 받는다고 생각할 수 있어요. 부모의 손을 잡아당길 때와는 다른 반응을 접할 거예요.

자기중심적인 사고와 행동을 하도록 가정환경이 조성될수록 아이는 외부 환경에 적응하는 데 어려움을 겪을 가능성이 높아요. 이런 가정환경을 변화시켜 주는 것이 아이에게 중요해요. 점진적으로 그리고 일관되게 환경을 변화시키고, 그러한 환경 변화에 아이가 적응하도록 해야 사회성 또한 개선될 수 있어요.

결론적으로, 집에서는 문제가 없는 게 아니라, 집이라는 환경을 변화시켜 주어야 아이가 집 밖을 나와서도 어려움 없이 사회적 상호작용을 할 수 있게 돼요.

맺음말

　필자는 오랜 기간 동안 공부한 지식과 현장에서의 상담 경험을 재활치료 전문가 그리고 보호자에게 전달해 도움을 준다는 생각으로 책을 집필하기 시작했어요. 그런데 작업을 하면서 상담과 관련하여 머릿속에 있던 것들을 하나씩 정리하고 분류하면서 나 스스로에게 더 큰 도움이 된 것 같아요. 집필하는 동안에도 신규 상담이 이어지고 기존 대상자의 보호자와 상담도 계속하면서 알고 있던 정보를 다시 확인할 수 있었고 새로운 정보도 얻을 수 있었어요.

　이 책을 쓰면서 중점을 두었던 부분이 몇 가지 있어요. 첫째, 상담의 이론적 내용을 기술하기보다 실제 사례 위주로 기술하고 싶었어요. 상담과 관련한 이론서는 많이 출간되어 있지만 실제 재활치료 상담 사례를 소개한 책은 드문 것 같아요. 둘째, 가능한 다양한 사례를 소개하고 싶었어요. 언어재활을 포함한 재활치료와 직접 관련이 없다하더라도 보호자들이 공통적으로 언급한 일반 양육 문제와 관련한 것도 소개하고자 했어요. 셋째, 필자의 지식으로 대상자 및 보호자를 설득하고 가르치기보다 그들이 겪고 있고 호소하는 문제를 공감하고 해결점을 함께 찾고자 했어요. 그래서 책을 쓰면서 가급적 '틀렸다.' '잘못이다.'라는 표현을 하지 않으려고 했어요. 대신 '필요할 것 같다.' '효과적일 수 있다.'라는 표현을 많이 하려고 했어요.

아쉬운 부분들도 있어요. 먼저, 지면 관계상 상담에서의 배경정보를 자세하게 밝히지 못한 것 같아요. 이 때문에 일면(一面)만 보고 상담을 하는 것 같다고 생각하시는 독자도 계실 거예요. 마음 같아선 배경정보 혹은 관찰정보를 자세하게 제시하고 싶었어요. 다음으로, 제시한 사례들의 대상자를 유아 혹은 아동으로 한정하지 않았지만, 결과적으로 대상자가 성인 혹은 노인인 사례를 많이 소개하지 못한 것 같아요. 혹시 이 책을 개정할 기회가 있거나 새로운 상담 책을 집필할 기회가 되면 더 다양한 사례를 제시하고 싶어요. 마지막으로, 현장에서 실제로 상담했던 내용을 글로 표현하는 데 제한적인 면이 있었어요. 이는 필자의 글 실력이 짧은 것도 이유겠지만 글로 제시했을 때 자칫 오해를 불러일으키거나 불필요한 논쟁을 만들 수 있다고 생각했기 때문이에요.

이 책을 쓰면서 줄곧 '처음에 쓰고자 한 방향대로 잘 쓰고 있는 걸까?'를 제 자신에게 확인했어요. 쓸 때만 해도 아무런 문제가 없던 부분을 다시 읽어 보고 검토해 보면서 계획했던 것과 다른 방향으로 쓰여 있는 것을 발견하고 수정했어요. 아마 책이 출간되고 난 뒤 읽어 봐도 마찬가지일 것 같아요.

끝으로 이 책이 언어재활을 포함하여 재활치료가 필요한 대상자들에게 조금이나마 도움이 되었으면 해요. 마무리 글을 쓰는 바로 이 순간 언어재활사 한 분이 담당 아이의 문제(/이/ 발음을 할 때 아래턱과 혀가 좌측으로 이동하는 현상)를 새롭게 발견하여 필자에게 조언을 구하네요. 발화가 없던 아이가 모음 발성을 모방하면서 나타나기 시작한 이 문제를 보호자에게 어떻게 설명해야 할지 고민이라고 해요. 필자도 글을 빨리 끝내고 함께 고민해 봐야겠어요.

2021년

안종복 · 이은혜

저자 소개

| 안종복 |

대학에서 15년간 학생들을 가르치면서 (사)한국언어재활사협회 이사, (사)한국언어치료학회 이사 등 활발한 대외 활동을 하였다. 틈틈이 방송(예: 한국직업방송 〈그녀가 돌아왔다〉, MBC 〈모텔방의 삼부자〉)에도 출연하였다. 현재는 장산아이즈연구소 대표로 자리를 옮겨 아이들의 발달과 성장에 도움이 되고자 노력하고 있다. 저 · 역서로는 『언어재활 현장실무』(공저, 학지사, 2019), 『말더듬』(공역, 박학사, 2018) 등이 있으며, 「읽기에서 나타난 일반 아동의 전두엽 활성화 양상 연구」, 「언어발달지연 아동의 아버지와 어머니의 자녀 양육에 대한 인식 비교」, 「아버지 양육참여에 대한 언어발달지연 자녀의 부 · 모간 인식 차이 연구」 등을 비롯한 다수의 논문을 발표하였다.

| 이은혜 |

2009년 장산언어치료센터(현 장산아이즈연구소)를 개원하여 현재까지 운영해 오면서, 대학교에서 겸임교수로 학생들을 지도하고 있다. 부산광역시 지역사회서비스 발전협의회 위원, 한국재활치료기관협회 이사 등 대외 활동도 병행하고 있다. 『우먼센스』, 『베스트베이비』 등의 다수의 잡지에 아동 놀이 관련 글을 기고하기도 하였다.

치료적 의사소통 상담 사례
마음으로 그린 상담 이야기

2021년 2월 22일 1판 1쇄 인쇄
2021년 3월 1일 1판 1쇄 발행

지은이 • 안종복 · 이은혜
펴낸이 • 김진환
펴낸곳 • ㈜**학지사**
　　　　　04031 서울특별시 마포구 양화로 15길 20 마인드월드빌딩
대표전화 • 02-330-5114　　팩스 • 02-324-2345
등록번호 • 제313-2006-000265호

홈페이지 • http://www.hakjisa.co.kr
페이스북 • https://www.facebook.com/hakjisabook

ISBN 978-89-997-2353-7 03180

정가 13,000원

출판 · 교육 · 미디어기업 **학지사**

간호보건의학출판 **학지사메디컬** www.hakjisamd.co.kr
심리검사연구소 **인싸이트** www.inpsyt.co.kr
학술논문서비스 **뉴논문** www.newnonmun.com
원격교육연수원 **카운피아** www.counpia.com